K.G. りぶれっと No. 49

復興から日常へ

リスクデザイン研究センター（関西学院大学特定プロジェクト研究センター）
NPO 法人リスクデザイン研究所［共編］

関西学院大学出版会

復興から日常へ

田中 正人

災害は日常を断絶する。過去の災害によって、人びとの日常はいかに瓦解し、ふたたび取り戻されてきたのか。あるいは取り戻せないままに途絶えたのか。そもそも、日常が戻ったという感覚を得るのはどのような時なのだろうか。その日常は、以前の日常なのだろうか、それともまるでかけ離れた日常なのだろうか。いずれにせよ、ふりかえってみれば、いつしか日常を生きていたというように、それは遡及的にしか覚知されないようにも思える。

本書は、長崎大水害（1982年）、チェルノブイリ原発事故災害（1986年）、阪神・淡路大震災（1995年）、東日本大震災・福島第一原発事故災害（2011年）、紀伊半島大水害（2011年）、広島豪雨災害（2014年）、熊本地震（2016年）、平成30年7月豪雨（2018年）を事例に、各論者の視点において現時点から発災時までの過程を遡及しつつ、その間のダイナミクスを描くものである。

第1章（田中正人）は、総論として関東大震災以降の我が国の災害史と住宅政策史を関連づけた論考である。阪神・淡路以後を「第二次災害多発期」と捉え、復興政策と住宅政策の置かれている状況を読み解いている。

関東大震災
1923年9月1日発生。マグニチュード7・9、死者10万人。家屋の倒壊などによる直接被害より二次発生した火災による被害が大きかった。

第2章（片寄俊秀）は、長崎大水害において、被害拡大要因という誤解を受けてきた「眼鏡橋」がいかにして守られたのかを掘り起こす。そして「滑り残した」数多くの斜面災害想定地のリスクに注意を促しつつ、自然の猛威を抑え込むだけではない、「柔らかくしのぐ」工夫のあり方を提起している。

つづく3つの章は、東日本大震災に関連づけた論考となっている。第3章（小川知弘・田中正人・荒木裕子）では、発災から8年間の概要およびその間の主たる論点が示され、防潮堤や高台移転、災害危険区域といった津波被災地における安全確保のあり方が問いなおされる。第4章（李美沙）は、原発被災地におけるオンサイトの支援者という立場から、南相馬市小高の復興過程が描写される。「先の見えない中で膨大な選択を迫られ、激変した状況を受け容れ、気持ちに一定の整理をつけて前を向いて走り続けてきた人もいれば、今も迷いの中にいる人もいる。（……）やれることをやっていくうちにリスクを低減できる方法を編み出せたこと、それが周りにも連鎖して新たな活動を生むこと、短い期間のうちにさまざまなことがこの地域で起きていた」と記されるように、小さなコミュニティのなかに流れる被災後の時間は、きわめて多様で複雑に錯綜するプロセスであったことがわかる。第5章（益邑明伸）は、同じく支援者として南相馬市に関わる立場から、チェルノブイリ原発事故の被災地を観察した記録である。「その地での暮らしを記憶する人が減れば、チェルノブイリという地は（……）廃炉と事故の跡の廃墟と汚染というだけの存在になってしまう。事故と汚染によって人命と暮らしが奪われたのだという本質はより伝わりづらくなるだろう」という指摘は重い。

第6章（室崎千重）は、紀伊半島大水害の被災地のひとつである奈良県十津川村で展開されてきた、アイデアに満ちた復興の取り組みが解説される。「誰もが最後まで村で暮らす」ことを目標に据えた住まいづくりの射程は広く、復興という目標を包含しつつ、日常の持続可能性を彫琢する視点で貫かれている。第7章（川崎梨江）は、広島豪雨災害の復興過程で生まれた「集う場所としての施設」に着目し、それがリスク・コミュニケーションにとっていかなる役割を果たしているのかを問う。マス・メディアによるリスクの提示や石碑、被災者の語りなど既存の手段には限界があり、そのオルタナティブとしての可能性が示される。第8章（荒木裕子）は、今まさに復興のあり方を模索している熊本地震の被災地の状況が描かれる。非常時における合意形成の困難は、多くの被災地に共通する課題であるが、益城町では区画整理事業が都市計画審議会でいったん否決されるという事態が生じた。意向把握の不十分さを理由としたその決定は、被災地における合意手続きのあり方をめぐって、改めて多くの論点を顕在化した。第9章（小川知弘）は、西日本豪雨の被害実態とこれまでの復興に向けた動きを概括する。水害による人的被害としては長崎大水害以来の規模となったこの災害は、まったく「想定外」ではなく、いわば「想定されていた」ことが現実に起こってしまったものであった。第2章の執筆者である片寄は、この被災地に接し、「長崎災害と酷似した状況と、当時の教訓が何ひとつ生かされていないことに衝撃を受けた」と述べている。

最後の第10章（石原凌河）は、被災地の復興ではなく、今後30年以内の発生確率が70～80％と言われる南海トラフ地震に焦点を当てた、いわゆる「事前復興」をめぐる考察である。2つの被災想定地域での調査を通して、「リスク」を分かち合い、いざという時の「ストック」を持ちあわせるような居住のあり方の重要性が指摘される。

発災直後の報告や分析が量産される一方、長期をふりかえる作業は決して多くはない。むろん、一人ひとりの被災後をだれかが代わりにふりかえることはできない。けれども、断片的にはその事実を、状況を、背後を、示すことはできる。そのわずかな破片をかき集めることはできる。

災害は、復興の起点ではあっても生活の起点ではない。生活には被災前があり、その延長上に今がある。いかに断絶していようとも、被災前の生活、ふるまい、記憶の蓄積と切り離された被災後は存在しない。好むと好まざるとにかかわらず。復興から日常への歩みのなかで、あるいは非日常の継続のなかで、なにが起きてきたのか。断絶はいかに架橋されたのか。長くその過程を追うことでしか、その問いに接近することはできない。本書はそのささやかな試みである。

目　次

第1章　第二次災害多発期における復興政策の論点

田中　正人

1　はじめに

しばしば指摘されるように、１９５９年の伊勢湾台風もしくは１９６１年の第二室戸台風以降の30数年間、わが国の都市は大規模災害を免れてきた（牧、２０１１：小熊他、２０１５）。唯一の例外は、１９８２年の長崎大水害であったのかもしれない。いずれにせよ、その間、高度経済成長とバブル経済により、都市は拡大と更新を繰り返した。巨大資本が山を削り、川を移設し、海岸を埋め、大地を掘り、空中を利用した。この、いわば災害の空白期間において、豊かであった自然は取り返しのつかないほどに破壊された。

一方、それ以前の30数年間は災害多発期にあった。１９２３年の関東大震災、１９２５年の北但馬地震、１９３９年～45年の第二次世界大戦、終戦直前の三河地震、直後の枕崎台風、翌年の南海地震とつづき、その後もキャサリン台風、福井地震、そして伊勢湾台風が列島を襲った。犠牲者はいずれも１０００名を超える。

災害の空白期30数年を経て、わが国はふたたび災害多発期に入る。阪神・淡路大震災（兵庫県南部地震）の発生から24年。この間、三宅島噴火・鳥取県西部地震（２０００年）、

伊勢湾台風
１９５９年９月26日に本州に上陸した台風。９月26日から27日にかけて愛知県・三重県を中心に甚大な被害を出した台風で、災害対策基本法が制定される契機となった。

第二室戸台風
１９６１年９月16日に室戸岬に上陸した台風。大阪湾沿岸などで暴風や高潮によって大きな被害を出した。

新潟県中越地震（２００４年）、福岡県西方沖地震（２００５年）、能登半島地震・新潟県中越沖地震（２００７年）、東日本大震災（東北地方太平洋沖地震）・福島第一原発事故（２０１１年）、広島豪雨（２０１４年）、熊本地震（２０１６年）、大阪北部地震・平成30年7月豪雨・北海道胆振東部地震（２０１８年）とつづき、いつも国土のどこかに避難所や仮設住宅があり、過酷な避難生活があった。この第二次災害多発期がいつまでつづくのかは、むろん不明である。だがいずれ、首都直下地震や南海トラフ地震、あるいは噴火災害がここに加わるのは確かである。

2　第一次災害多発期　――都市・住宅政策の胎動

戦前、都市はすでに人口集中・過密化と郊外スプロールの問題を抱えつつあった。政府は欧米の都市思想・計画技術を貪欲に吸収し、その果実が今年１００年目を迎える１９１９年の旧都市計画法であった。法制定の4年後、あたかもその真価を問うように関東大震災が発生した。同年、帝都復興院が、翌年には後の住宅営団の前進となる同潤会が設置された。当時、東京市長であった後藤新平が指揮する帝都復興計画のもと、焼失面積の9割におよぶ大規模な土地区画整理事業が実施された。52の主要幹線道路と１２２の補助幹線道路、55の公園が整備され、現在の東京の骨格が築かれた。「創造的復興」という名の東京大改造であった。一方、同潤会は、ＲＣ造共同住宅というそれまでのスタンダードであった木造一戸建とはまったく異なる住まいのオプションを提示した。その革新性は、単に被災地の住宅復興というにとどまらない意味を持っていた。１９２７年には不良

北但馬地震
１９２５年5月23日発生。円山川河口部付近を震源とし、マグニチュード６・８、最大震度6。豊岡および城崎で大きな被害が発生。被害は死者４２０人、負傷者７９２人、全焼１７１２戸、全壊８２６戸。

枕崎台風
１９４５年9月17日に鹿児島県枕崎市付近に上陸した台風。9月18日にかけて日本列島を縦断し、各地で大きな被害が発生した。

昭和南海地震
１９４６年12月21日発生。死者・行方不明者１３３０人。

阪神・淡路大震災
１９９５年1月17日発生。淡路島北部を震源とし、マグニチュード７・３、最大震度7。死者は約６４００人。都市直下型の大規模地震であった。

新潟県中越地震
2004年10月23日発生。マグニチュード6・8、死者68人、負傷者4805人、最大避難者数約10万3000人、家屋全半壊約1万6000棟。

福岡県西方沖地震
2005年3月20日発生。震源は福岡県西方沖で、マグニチュード7・0、最大震度6弱。福岡市玄界島で大きな被害が発生し、一時全島避難が行われた。

同潤会
関東大震災の義援金を基に1924年に設立される。震災後の住宅難へ対処することを目的に住宅供給を行う。

後藤新平（1857-1929）
政治家。関東大震災発生直後に内務大臣となる。「帝都復興院」を創設し、東京復興計画をつくる。

住宅地区改良法により、大都市の部落やスラムの生活環境改善を図る公的住宅建設の取り組みが開始された。

だが災害はつづいた。1931年の満州事変を経て、やがて国土全体を巻き込んだ第二次世界大戦が始まる。近代都市計画は早くも中断され、一方で、大東亜共栄圏思想の道具として近隣諸国の植民地化を具現化する役割を果たすことになった（石田、1987）。わが国のほとんどの都市は爆撃によって壊滅し、広島、長崎への原爆投下を経て終戦を迎えた。1945年の戦災地復興計画基本方針、1946年の特別都市計画法により、関東大震災の復興をドライブした区画整理手法が全国の都市をくまなく作り変えた。これにより地方都市の基盤が整う。同時にそれは地域性の圧倒的な喪失を招いたとも言われる（石田、前掲）。都市計画による空間コントロールが広く行きわたる一方、420万戸という数の住宅不足のもと、スラムが跋扈し、闇市やバラックが立ちならんだ。仮設住宅のほか、「バス住宅」「電車住宅」と呼ばれるシェルタが生活拠点を形成した。

このような混乱の中で、住宅政策の三本柱といわれる三公体制が確立する。1950年に住宅金融公庫法、1951年に公営住宅法、1955年に日本住宅公団法が制定され、住宅不足の解消と居住環境の改善が図られた。持家取得層への公庫、低所得層への公営、中間層への公団といった所得階層ごとの支援スキームを構成しつつも、これらがカバーする対象は互いに大きく重なり合っていた。公営住宅入居階層は、当初、下位から8割の世帯を包摂していた。さらに1960年には、戦前の不良住宅地区改良法を引き継いだ住宅地区改良法が制定される。住宅政策は単に「住宅」というフィジカルな対象にとどまらず、「生活」という広い射程を持った、社会政策的性格を色濃く持っていた。そして留意すべきは、実にこの間、先ほどみたように4桁の死者を出す激甚災害が多発していたという点である。

第一次災害多発期において、都市や住宅は歴史的にも空間的にも文脈を失い、風景の断絶は絶対的となった。破壊したのは自然災害や戦争という人為的・作為的災害であるが、文脈の再生を拒み、あらたな空間を立ち上げてきたのは復興政策である。断絶は、自然の猛威によってではなく、我々の選択によってもたらされた。だがその過程において、都市計画は誕生し、復興計画として実践され、展開され、彫琢されてきた。住宅政策は、その長期的な避難生活期の居住環境を支える復興政策であり社会政策でもあった。

スラム
社会において差別やさまざまな悪条件によって生活に困窮した人びとが集中的に居住している地区のこと。

3　災害空白期――基本法の不在と災害の不在

1960年代以降、高度経済成長からバブル経済期にかけての約30年間が災害空白期間となったのは単なる偶然としか言いようがない。しかしながら、災害空白期間ゆえに、その間の著しい都市の拡大と夥しい数の開発プロジェクトの実行、その裏返しとしての自然破壊、さらにそれらの反射的効果と言えるリスクと脆弱性の膨張・不可視化が加速したことはまちがいない。

1962年に全国総合開発計画がスタートし、太平洋ベルト工業地帯が確立されていく。臨海部は、海洋という大自然との接点ではなく、産業用地のフロンティアとなった。同年に区分所有法、翌1963年に新住宅市街地開発法が制定され、それらは分譲マンションと郊外ニュータウン開発の土台となり、居住空間建設産業を生み出した。新幹線と

宮城県沖地震
1978年発生。マグニチュード7・4、死者28人。家屋倒壊・火災・避難の問題はほとんどなかったが、肉親の安否を気遣う電話の引き起こした通信障害や救急車要請の119番飽和などに始まる、さまざまなライフライン停止に対する住民の日常生活維持の要求が問題となった。

高速道路が都市を結合し、物流が広域化・高速化した。東京オリンピックと大阪万博はその契機であり、触媒であり、動機であった。

その後、オイルショックとともに経済成長は停滞期に入る。第三次全国総合開発計画は「定住圏構想」を打ち出し、大規模拠点開発主義からの方向転換の兆しをみせた。1968年には新都市計画法が施行され、空間コントロールの道具が用意された。そのなかには、不十分ながらも市民参加の手続きも位置づけられた。ところがその一方で、翌1969年の都市再開発法は、ひきつづき都市改造を推し進める条件を整え、1970年の建築基準法改正は絶対高さ制限を撤廃した。

1978年、宮城県沖地震は構造物の耐震性に疑義を突きつけた。建築物や工作物が凶器となり、都市の新たなリスクを我々は知ることになる。1981年、建築基準法施行令が改正され、耐震基準が大幅に強化された。この改正はもちろん重要かつ必要であった。だが同時にそれは、災害リスクは制度や技術によってコントロール可能であるという認識を強めるものでもあっただろう。災害空白期にあって、この宮城県沖地震が唯一法制度を揺るがした都市災害であったとすれば、皮肉なことに、それがもたらしたのは法制度による災害の克服可能性という幻想であった。

そしてバブルが到来する。1986年の民活法、1987年のリゾート法をはじめ、都市計画・建築規制は際限なく緩和され、国公有地は民間に払い下げられた。都心には超高層マンションが林立し、地方には奇妙なリゾートマンションが出現した。開発のための開発が繰り返され、空間は文字通り証券と化した。

一方、高度経済成長からバブルにかけての一連の開発は、環境保護への関心を高めた。

1980年、わが国はラムサール条約に加入し、釧路湿原が国内初の登録を果たした。翌1981年、最初の環境影響評価法案が国会に提出された。しかしながら同法案は1983年廃案となり、翌1984年、「環境影響評価の実施について」が閣議決定されるものの、環境基本法が制定されるのはさらに約10年後の1993年、環境影響評価法に至っては1997年のことであった。つまり、具体的な制度／政策が発効するのは、阪神・淡路大震災を経たポストバブル期まで待たねばならなかった。

もっとも、警告は十分すぎるほどにあった。四大公害病は、過剰な都市活動がおそるべき人災へと変貌することの、あまりにも過酷な証左であった。水俣病は1953～1960年、四日市ぜんそくは1960年頃、新潟水俣病は1964年頃から起こったとされる。チェルノブイリ原発4号機が爆発したのは、1986年4月26日であった。同年9月26日には、ウルリッヒ・ベックによる『危険社会』が出版された。それから7年4カ月後の1994年1月17日、カリフォルニア州ロサンゼルスを襲ったマグニチュード6・8のノースリッジ地震は、死者57名、負傷者5400名の被害をもたらし、高架高速道路を倒壊させた。だがこれらの警告は個別事象に回収され、隠蔽され、あるいは我々とはちがう別世界の出来事とみなされてきた。

ノースリッジ地震から1年後の阪神・淡路大震災によって、この国の災害空白期間は終わりを告げる。既述のとおり、開発抑制と自然環境保護の法制度は、未だ十分な実効力を持っていなかった。災害リスクに向き合う法制度もまた、科学的知見から大きく乖離していた。一方で、都市空間はとめどなく膨張していた。はたして神戸の高架高速道路は倒壊し、10万棟の家屋が破壊され、6434名の人命が失われた。

住宅建設計画法
政府全体の総合的な計画の下で「一世帯一住宅」の実現を図るために、1966年に制定。2006年に住生活基本法が制定されたことで廃止された。

密集市街地
老朽化した木造住宅が密集している市街地のこと。老朽化した木造住宅の密集は、大火の原因となりうることから、危険性が指摘されている。

応急仮設住宅
災害救助法の規定をもとに非常災害の際に建設される、住宅が全壊または流失してしまって居住する住宅がない者を対象とする住宅。近年の大規模災害においては、民間賃貸住宅を借り上げるみなし仮設住宅も多くなっている。

災害空白期の都市計画は、経済成長のもとで非常にちぐはぐな様相を呈した。その背景にあるのは、ひとつは石田（前掲）が指摘するように、当初の基本法の不在であり、いまひとつはまさに災害空白期ゆえの、つまり都市災害の不在ではないかと思われる。他方、住宅政策はどうであったか。住宅建設計画法に基づく1966年からの第一期五箇年計画により、わが国は深刻な住宅不足を乗り越えた。1968年に全国の住宅戸数は世帯数を上回り、1973年にはそれをすべての都道府県でクリアした。量から質へと問題の中核が移るなかで、社会政策的な性格は薄れた。経済成長期には大規模な住宅地開発を担う産業政策として、停滞期にはその打開の一翼を担う経済政策として、さらにバブル期には金融政策としての側面を、住宅政策は持っていたと捉えられる。

4　第二次災害多発期 ――住宅政策の終焉あるいは被災地への自閉

(1) 阪神・淡路大震災の問いかけ

冒頭に述べたとおり、わが国の都市はいま、第二次災害多発期とも言うべき時代にある。その幕開けとなった阪神・淡路大震災は、高度なインフラを擁する大都市が抱える巨大なリスクを詳らかにした。その経験は、わが国の都市・住宅政策をいかに変えてきただろうか。

阪神・淡路大震災は、第一に、住宅災害だったと言われる。10万棟におよぶ住まいが滅失し、5万戸の応急仮設住宅が建設された。午前5時46分という早朝の発災ゆえに、犠牲者の約8割は自宅で亡くなり、すなわち住まいの強度が生死を分けた。死因は、建物倒壊による頭部・内臓・頸部損傷、窒息、外傷性ショック等が83・3％を占める（兵庫県監察医務室、1995）。

老朽家屋の耐震化が喫緊の課題とされた。前述のように、1978年の宮城県沖地震をきっかけに建築基準法施行令が改正され、新たな耐震基準が設けられた。阪神・淡路大震災の住宅被害は、耐震基準が切り替わった1981年6月1日を境に明らかな違いを示した。新耐震基準導入以降では、7割以上が無被害または軽微な被害であったのに対し、導入以前ではその割合は3割強にとどまる（平成7年阪神淡路大震災建築震災調査委員会中間報告、1995）。

第二にこの震災は、インナーシティ災害でもあった。火災による死者は相対的に少なかったが、複数の木造密集市街地での同時多発的な火災は消防力を圧倒し、ほぼ無風であったにもかかわらず複数の大火をもたらした。街区レベルでの延焼性能の確保が、とりわけ広大な老朽エリアを擁する東京、大阪等大都市圏の急務とされた。もっとも、密集市街地の再生は戦前の不良住宅地区改良法以来の課題であったが、阪神・淡路大震災はそれが都市大火のリスクでもあることを改めて明示した。

第三に、コミュニティ災害というべき側面を持つ。「孤独死」はその最も象徴的な問題と言えるだろう。1995年3月9日、尼崎市の仮設住宅に住む一人暮らしの63歳の被災者が、死後2日経って発見された。「孤独死」という言葉の登場は1970年代にさかのぼると言われるが、現在のように人口に膾炙するようになったのは、このときの報道がきっかけであったと思われる。

「孤独死」はその後、「無縁社会」の象徴として、被災地に限定されない社会問題として

災害公営住宅
災害によって住宅を失い、自力で住宅を確保することが困難な被災者に対し、地方公共団体が国の助成を受けて整備・供給する低廉な家賃の公営住宅のこと。災害復興住宅などともいう。

認識されるようになる。だがその認識には致命的な誤りがある。被災地の「孤独死」は被災地に固有の背景のもとで生じる被災地に固有の問題である（田中、２０１４）。その解決策は、見守りや人的交流の支援ではない。端的にこれは住宅問題である（田中、２０１８）。すなわち被災地の住宅セーフティネットの立地、設計、入居システム上の課題と言ってよい（田中他、２００９；２０１０；２０１１）。被災地から離れた地域に大量供給された応急仮設住宅は、コミュニティの分散を前提としていた。大規模・高層・ＲＣ造の災害公営住宅は、地震によって破壊された木造低層住宅とは対照的な空間であった。「抽選」によって入居団地が決定される「公平」なシステムの採用は、被災者の原住地や生活圏を考慮しない。そして被災による住宅困窮者は、こうした仮設住宅、災害公営住宅に頼る以外の選択肢を持たなかった。

以上のような阪神・淡路大震災の３つの特質は、その後さまざまな政策形成へとつながった。まず住宅の耐震性の問題は、多くの自治体に対し耐震診断の無料化や改修補助制度の創設を促した。国土交通省によれば、２０１３年におけるわが国の住宅総戸数約５２００万戸のうち、「耐震性なし」と判断されるものは約９００万戸、「耐震性あり」の割合（耐震化率）は82％である。今なお2割近い住宅が、明らかな倒壊のリスクを抱えていることになる。おそらくこの2割は、改修補助制度では解消が困難である蓋然性が高い（田中、２０１９）。

つぎに、インナーシティの問題は、１９９７年の密集市街地整備法（密集法）以降、２００１年の都市再生プロジェクト（第三次決定）による約８０００ヘクタールの重点密集市街地の選定、２００３年の密集法改正と、その解消に向けた制度を充実させてきた。

このことはしかしながら、密集市街地改善が一筋縄ではいかないことの裏返しでもあっただろう。未だ大都市圏には都市大火のリスクを抱えたエリアが広範に残る。

また、コミュニティの問題については、たとえば２００４年の新潟県中越地震の復興においては集落の意向に柔軟に対応した移転事業がアレンジされた。仮設住宅入居に際しては地域のまとまりが重視され、住宅復興においても大きな前進がみられた。旧川口町（長岡市）の災害公営住宅は、字ごとに入居ニーズをきめこまかく把握し、数戸程度の小規模な住棟が既存集落に埋め込まれるように配置されている。東日本大震災でも、当初からコミュニティの重要性が叫ばれていた。「高齢者の見守り」が強調され、一部の応急仮設住宅には、入居者の交流を促すさまざまな工夫があった。しかし依然として、問題は繰り返されている。「孤独死」の発生実態は、阪神・淡路大震災のそれときわめて類似する（田中、２０１８）。

（２）災害公営住宅ニーズ？

以上のように、阪神・淡路大震災以降の第二次災害多発期における新たな政策は、今なおさまざまな課題を残している。しかし、住まいの耐震化も、密集市街地の再生も、孤独死問題も、単なる一被災地の不幸ではなく、わが国の都市全体の課題として受け止められたことは事実である。ただひとつ、被災地に閉じた動きがあるとすれば、それはおそらく公営住宅政策であろう。

阪神・淡路大震災では、３万８６００戸の災害公営住宅が建設され、その戸数規模は当時の兵庫県の公営住宅ストック11万戸の35％に及ぶ。東日本大震災でも、被災８県において３万戸を超える災害公営住宅が短期間のうちに供給されつつある。

大量供給の背景には、第一に復興事業の長期化に伴うニーズの拡大がある。区画整理、防災集団移転、高台移転、盛土整備、どれをとっても計画策定から合意形成、事業化、着工から完成に至るまで、早くても数年から10年単位の期間を要する。その間、住まいを喪失した被災者は過酷な避難生活のなかで、地域の将来像が見通せないままに自宅を再建すべきかどうかを選択しなければならない。移転となれば、新たな居住地を見定め、土地を手配し、あるいは行政との交渉に応じるといった負担に耐えて、ようやく再建が可能となる。このような道筋の途中で、自力再建をあきらめ、災害公営住宅への入居を決めたケースは少なくないだろう。

第二に、住宅は個人資産であり公金を資産形成には投入できないという考え方がある。１９９８年の被災者生活再建支援法は当初この考え方に固執し、住宅支援はあくまでも現物支給（仮設住宅・公営住宅）に限定されていた。２０００年の鳥取県西部地震では、当時の片山善博知事の判断により、自力再建への現金支給が行われ、２００４年の新潟県中越地震でも同様の措置が取られた。ようやく２００７年の改正により、法的にこの支給制度が位置づけられ、現在に至っている。とはいえ、３００万円（基礎支援金＋加算支援金）で住宅建設は不可能であり、自己負担の原則は大きくは変わっていない。とりわけローンの残債を抱えてのさらなる借入は多大なリスクを伴う。そもそも高齢での借入は困難である。こうした条件下で、土地を手放し、自力再建を断念したとき、災害公営住宅は有力な候補となったと考えられる。

以上のように、本来なら自力再建を支援すべき被災者の災害公営住宅ニーズが肥大している。むろん受皿は必要である。だが問題は、ひとつはもちろん、このニーズを抑えるという政策への転換を図ることができなかった点にある。とりわけフロー収入の少ない自給自足的生活を送っていた被災者にとって、家賃という恒常的な支出の発生はあらたな生活リスクとなるだろう。いまひとつは、より根本的な政策転換につながらなかったという点にある。すなわち、被災地への自閉である。災害公営住宅の立地、設計、入居システムは結局のところ、復興政策の範疇を逸脱することはなかった。被災地の公営住宅政策は、住宅困窮者に対する社会的支援の必要性を受け止め、実行されたものである。だがその価値は、かつての災害多発期の復興政策のような普遍性を獲得することなく、かたくなに被災地に閉じているように思える。一方、被災地外の住宅政策もまた、阪神・淡路大震災以降、にわかに被災地の動きと関わりを絶つかのような動きをみせる。

（3）住宅政策の変質

１９９７年、公営住宅法が改正された。第一種・第二種という区分がなくなり、家賃設定は世帯の収入に応じて都度決定される応能応益負担となった。一見、合理的と思えるこの制度への移行は、後述するように、入居対象の切りつめと市場化へのきわめて手際のよい布石であった。１９９９年、住宅・都市整備公団は都市基盤整備公団となり、２００４年には都市再生機構となった。その業務は、原則として既存の公団住宅ストックの維持管理に限定され、かつて住宅研究開発の技術者集団として、新しい住まいのあり方を提案しつづけてきた公的セクターは事実上、解体された。２００６年の住生活基本法、翌年の住宅セーフティネット法により、政府は住宅供給の大半を民間市場に委ねる方針を打ち出した。新規建設は抑えられ、老朽化の著しい初期の公営住宅は解体・撤去・売却が進む。住宅金融公庫もまた２００７年に廃止され、国の機関から独立行政法人住宅金融支援機構となった。

かつての三本柱は、所得階層を想定したフレームを形成しつつ、その対象は互いに大きく重なり合っていた。当初、下位から8割の世帯を包摂していた公営住宅入居階層は、現在2割台にまで絞り込まれている。住宅政策は全面的に市場化され、そこから漏れ落ちた層へのセーフティネットとして、残余化した公営住宅が残る（平山、２０１７）。結果、高齢者、障害者、母子世帯、ＤＶ被害者など、低所得であること以外の居住リスクを抱えた人びとの集住コミュニティがそこにはある。

住宅政策は、このように公共部門からの撤退に向かう。第二次災害多発期は、住宅政策がふたたび「生活」の総体を支える拠点形成というミッションを獲得する契機となり得たはずである。阪神・淡路大震災は、都市コミュニティの価値とは何かを鋭く問いかけた。東日本大震災の圧倒的な被害は、社会のあり方そのものを揺るがした。その震えは、福島第一原発事故とともに決定的なパラダイム転換をもたらしたかにみえた。事実、全国の原発は一度は止まり、あるいは我々一人ひとりがリスクとともに生きることの不可避性を知った。にもかかわらず、少なくとも住宅政策に関しては、本質的な転換はなにも起こらなかった。

5　おわりに

30数年つづく第一次災害多発期の初頭、都市計画は誕生した。住宅政策は、その長期的な避難生活を支える復興政策であり社会政策でもあった。つぎなる30数年におよぶ災害の空白期では、都市は基本法不在のままに拡大をつづけた。都市災害の不在がそれを際限なく許容した。住宅不足が解消し、住宅政策の性格は社会政策からやがて成長を支える産業政策へ、停滞期にはその打開の一翼を担う経済政策へ、バブル期には金融政策へと変化した。バブルの崩壊とともに、あるいは阪神・淡路大震災とともに第二次災害多発期が幕を開ける。空白期にひたすら蓄積してきた災害リスクが露呈し、都市・住宅政策は大きく転換する可能性があった。だがそれは、被災地という特殊な空間に閉じ、復興政策の域を出ないままに展開している。被災地に大量の災害公営住宅が供給される一方、住宅政策それ自体は撤退に向かった。被災地の公営住宅は、あらたな意味づけの機会を失したまま、ひたすら肥大するニーズに対応してきた。それでも対応できることの意義は大きい。各自治体の努力は計り知れない。しかし、だからこそ、この機会を我々はなぜ捉えきれなかったのかを問う必要がある。住む人の「生活」に目を向け、社会政策としての意味を再度獲得することが、なぜできなかったのかという問いは、住宅政策とともに復興政策にも向けられている。

参考文献

Beck, U. *Risikogeselschaft -Auf dem Weg in eine andere Moderne*, Frankfurt/ M., 1986（ウルリッヒ・ベック著、東廉・伊藤美登里訳『危険社会』法政大学出版局、1998年）
小熊英二・赤坂憲雄『ゴーストタウンから死者は出ない　東北復興の経路依存』人文書院、2015年
石田義房『日本近代都市計画史研究』柏書房、1992年
田中正人「『災害孤独死』とはなにか」『復興』（12号）第6巻第3号、65―72頁、日本災害復興学会、2014年

田中正人「被災地の『孤独死』問題からみた生活空間デザインの課題」２０１８年度日本建築学会大会都市計画部門研究協議会『復興まちづくりと空間デザイン技術』89―92頁、２０１８ａ

田中正人「『孤独死』防止のために」近畿災害対策まちづくり支援機構編『防災・減災・復旧・復興Ｑ＆Ａ：大災害被災者支援の経験から』74―75頁、東方出版、２０１８ｂ

田中正人「応急仮設住宅における『孤独死』の発生実態　阪神・淡路大震災と東日本大震災の事例」日本建築学会編『学術講演梗概集２０１８（建築計画）』、１１５―１１８頁、２０１８ｃ

田中正人「『災害サイクル』における不平等の拡大とリスク分配の逆進性」『追手門学院大学地域創造学部紀要』第４巻、31―56頁、２０１９年

田中正人・上野易弘「被災市街地の住宅セイフティネットにおける『孤独死』の発生実態とその背景　阪神・淡路大震災の事例を通して」『地域安全学会論文集』第15号、４３７―４４４頁、２０１１年

田中正人・高橋知香子・上野易弘「災害復興公営住宅における『孤独死』の発生実態と居住環境特性の関係　阪神・淡路大震災の事例を通して」『日本建築学会計画系論文集』第74号（６４２）、１８１３―１８２０頁、２００９年

田中正人・高橋知香子・上野易弘「応急仮設住宅における『孤独死』の発生実態とその背景　阪神・淡路大震災の事例を通して」『日本建築学会計画系論文集』第75号（６５４）、１８１５―１８２３頁、２０１０年

牧紀男『災害の住宅誌――人々の移動とすまい』鹿島出版会、２０１１年

第2章　長崎大水害、発生から36年
――眼鏡橋は残った、が……

片寄　俊秀

1　大災害との遭遇

１９８2年7月23日、当時長崎造船大学（現・長崎総合科学大学、私立）建築学科の教員として、長崎市に在住していた筆者は「'82長崎大水害」と呼ばれる、死者不明者計３００人近くという大災害に遭遇した。梅雨末期のこの時期に1時間降雨量１８７ミリ（隣町の長与町役場）という記録破りの集中豪雨が狭い長崎の地に襲来したのである。

最後の被爆都市として著名な長崎市が、水害で大打撃を受けたというニュースは、すぐさま世界中に報道された。停電続きで当日の映像はのちに見たが、長崎市の中心部を流れる中島川の氾濫の様子が中心であった。濁流で大きく損壊した眼鏡橋（１６３４年建造とされるアーチ式石橋。国の重要文化財）のみじめな姿と、停電で真っ暗な都心商店街の一帯が1メートルを超える浸水被害を受けて、商品などが散乱し、川のようになった道路をクルマがつぎつぎと流され、人びとが茫然とそれを眺めている様子であった。

この衝撃的な映像が繰り返し紹介され、死者・不明者が二百名を超えるというテロップを見た人たちは、眼鏡橋が流路を妨げ、河川のダムアップによる溢水が地域を襲って多く

眼鏡橋
石造で半円のアーチが2つ連なった橋。長崎市にある眼鏡橋は中島川に架かっている。

土石流
集中豪雨などによって山腹が崩壊することで生じる、土砂と水が一体となって一気に下流へと押し流される自然現象のこと。

地滑り
山や傾斜地など斜面の一部（あるいは全部）がゆっくりと斜面下方に動く（すべる）現象のこと。

の人びとが死亡したと思ったようだ。しかし、この水害での死者・不明者の90％以上は、都心部ではなく都市郊外部の無数の箇所で発生した土砂系災害の犠牲者であった。安い地価を求めて斜面地に這い登るように近年建てられた住居地が、その背後の山の上から落ちてきた土石流や斜面崩壊、地滑りなどの直撃を受けたのである。

多くは無理な斜面地での開発が招いた災害と言えた。一方都心部のほうは、地下室水没を含む広汎な浸水被害で経済的な大被害が発生したものの、増水による死者は少なかった。そして災害を大きくした要因は眼鏡橋ではなく、長崎の脆弱な都市構造にあることものちに明らかとなった。映像が都心部に限られたのは、激甚被災地の郊外部とは交通途絶で危険なためにカメラが入れなかったからだ。ようやく土砂災害現地のすさまじい映像が届いたのは翌々日。すでに長崎災害はトップニュースから外れ、誤解だけが残った。激烈な被災現場や戦禍の真相は、なかなか映像では伝わらぬものだと知った。

ところで、この長崎での土砂系災害と酷似した、死者74名という大災害が２０１４年８月20日、つづいて２０１８年７月11日に広島市の郊外部で発生した。筆者は被災直後に現地を訪れ、長崎災害と酷似した状況と、当時の教訓が何ひとつ生かされていないことに衝撃を受けた。ともに原爆被爆地で、深刻な住宅不足のあと戸建てブームが斜面地に広がった都市開発の犠牲であった。

2　災害に脆弱な都市の形成史

歴史を紐解くと、長崎の都市形成は無理に無理を重ねてきたことがわかる。もと大村藩

写真 2-1, 2-2　被災した眼鏡橋（重要文化財）

の領地で、藩がポルトガル交易を企図して、外敵からも守りやすく、深く入り込んだ天然の良港である長崎港に突き出した岬の上の土地を宣教師に譲渡した。町建ては宣教師の主導で、藩が1571年（元亀2）に進めた。入港してくる船から真正面に見える丘の上に十字架のある天主堂を建て、そのまわりにキリスト教信者を集めた6町が配置されたという。

ポルトガルが排除されたあと長崎は幕府の天領とされ、オランダと中国との交易拠点として江戸期に大いに発展し、最大人口は6万7000人に達した。都市は海岸部の埋め立てで拡張され、「浜町」「築町」の地名が今も残る。そこに架けられた眼鏡橋は栄華の時代のシンボルでもあった。その後明治期に入って長崎は石炭と造船、兵器産業を中心にわが国近代化の基礎を築く役割を果たして、人口は急増し都市域は拡大。そして現代に至ると、合併で市域はさらに拡大して最大時人口47万人（2019年現在では、さらに合併拡大したが42万人弱と減少）。平地の少なさゆえに、既成市街地の周辺と郊外部で斜面地に住宅開発が這い登り、壮大な斜面都市を形成したが、そこが土砂系災害の主たる被災地となった。

長崎の旧市街地部はその昔、しばしば水害に襲われた。とくに江戸中期から後期にかけては数年おきに頻発したが、なぜか1867年（慶応3）から1982年までの115年間、記録に残る水害が全くない。その間に第一次、第二次世界大戦、そして1945年のアメリカ軍の原爆投下では長崎市北部一帯の壊滅的被災で無辜7万人もが瞬時に殺戮された。この激動の期間を経たことで、人びとは水害の危険を忘れ去り、まさに無防備でその日を迎えたのである。

中島川
長崎市内を流れ、長崎港に注いでいる河川。

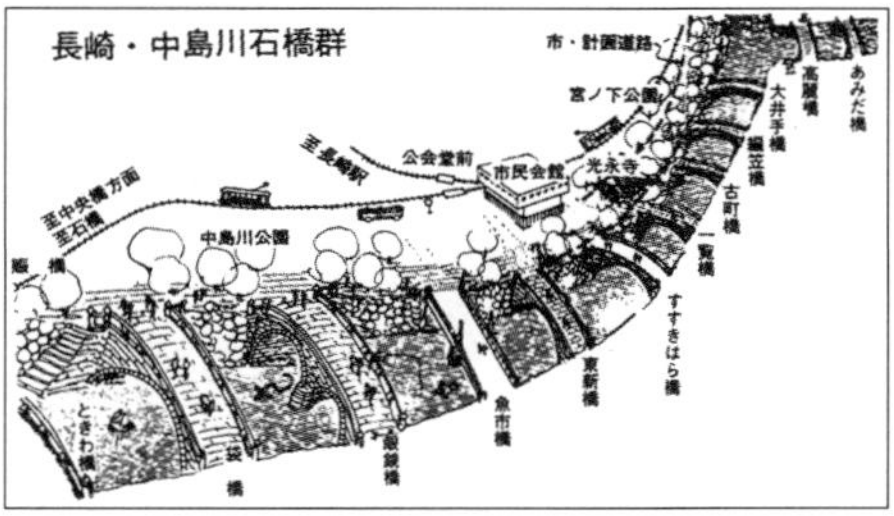

図 2-1　長崎・中島川石橋群（筆者作成）

3　中島川石橋群と熱い人びととの出会い

１９７０年に筆者が長崎に赴任して間もなく、５人ほどの学生グループから、図面のない古石橋の測量図のつくり方を教えてほしいと頼まれた。「石橋キチ」を自任する彼らに案内されて中島川を歩き、そこに眼鏡橋を含めて江戸期以来のアーチ石橋がずらりと十数橋並んでいるのに驚愕。あらためて長崎が重厚な歴史遺産の宝庫だと認識した。

しかし１９７０年当時、中島川に代表されるわが国の都市内の中小河川は、軒並みひどい汚染状況にあった。洗剤の泡がゴミだらけの川面を覆い、悪臭のために川沿いの家々は窓を開けることもできない。その哀れな川面に石橋群は影を映しつつ、その上をクルマが平気で通行していた。学生たちと悪臭に耐えながら実測作業をするうちに、筆者は、人びとの暮らしを江戸期から今日まで、文字通り下から支えてきた石橋群の重厚な魅力に惹かれていった。完成測量図は後に長崎市が中島川石橋群を市文化財に指定する基本資料となった。

実測作業をすすめる過程で、学生たちと付近の住民との間に自然に対話が生まれ、学生たちが熱っぽく説く「石橋群の価値」に、あらためて身近な文化遺産を見直す人びとが増えた。諫早眼鏡橋の再建を担当した著名な石橋研究家の山口祐造氏をはじめ、中島川石橋群の価値を高く評価し、中島川に清流を取り戻そうと、以前から多くの市民がさまざまな活動を展開してきたこともわかってきた。

なかでも最もアクティブな活動を展開されていたのが、福澤諭吉が若き日に小僧修行をしたという、川沿いの名刹光永寺のご住職と護持会の方々であった。彼らは、市当局が川

図 2-2　写真集『長崎の母なる川』
（1982 年、中島川を守る会発行）

沿いの山門と石畳の歩道を壊して、クルマが通れる8メートル道路に拡幅する区画整理事業を実施しつつあることに反対するだけでなく、「対案」として「中島川大遊歩道建設の構想」を掲げてパンフレットを作成し、市への陳情を繰り返していた。

この「大遊歩道構想」の着想に筆者は驚嘆した。じつは長崎で研究者になる前の8年間、大阪府技師として千里ニュータウンというわが国最初の大規模な新都市建設の現場で働いていた。そこではクルマ優先から歩行者中心、人間中心へと大きく転換することをテーマにした最先端の都市設計を進めていた。ちまちまとした長崎のまちのど真ん中に、新大工町、中通り、浜町という三大商店街を、美しく魅力的な人間優先の大遊歩道で結び、緊急時の避難路、普段は買い物や通園・通学さらには観光客の散策を兼ねた市民の憩いのひろばにするならば、長崎の町の構造が一挙にわかりやすく、かつ安全で魅力的な都市に変貌する。パンフレットが発行された１９６５年とは、アメリカが世界の都市づくりに衝撃を与えたミネソタ州ミネアポリス市のニコレットモール（歩行者天国）着手の、その前年である。まさに敬服に値する先進的かつ実現可能な提案であると考えた。

やがて地元住民、専門家、学生、そして光永寺の檀信徒の連係が生まれ、１９７３年３月に「中島川を守る会」が結成された。会長には著名な文人医師の小林敏夫氏、事務局長に護寺会の赤瀬守氏、副会長には学生の森山輝男君と筆者。さっそく先の大遊歩道づくりの趣旨を入れた請願書がつくられ、署名活動が展開された。短期間に7千余名の署名が集められた分厚い署名簿が市議会に提出されたが、審議の結果は委員会で採択、あと本会議では僅差で「不採択」となった。与野党の対立を超えて遊歩道づくりに大賛成の議員の存在が僅差の理由であった。この経過は市民の関心を中島川に集め、活動に勇気を与えた。

写真2-3　中島川まつり（水害発生前1980年5月）

事態を大きく動かしたのが、長崎青年会議所がタイムリーに同年8月に企画した「中島川市民一万人大清掃」である。かねて中島川の荒廃と悪臭の惨状が気になっていたのは付近の住民だけではなかった。筆者らも率先参加したが、当日は早朝から掛け値なしに一万人を超える市民が軍手をはめ、鎌やごみ袋を手に参加し、数時間で中島川は見違えるほどの美しさを取り戻した。人びとはこの機会を待ちかねていたのだ。

毎朝掃除をする市民も増えるなど、気運が高まったところで「中島川を守る会」は、1973年に始まった大阪の「中之島まつり」からヒントを得て、翌1974年5月の連休に川沿いで「市民がつくる市民のまつり・中島川まつり」の開催を仕掛けた。これが、〝まつり好き〟の市民の心をとらえ、5万人もの人びとが参加する大成功となり、その後も継続していった。スローガンは「まつりの後は、前よりきれいに」。つまり、まつりの前後には掃除をして、まつりのたびに川がきれいになるという仕掛けである。中島川まつりの実行委員長には、人望のある市内の若者で内装店主の下妻克敏さん。以後、災害も乗り越えて10年を超える活動が継続し、今は主催者も趣旨も変わったが、以来、中島川はしばしば「まつり」の会場にされている。

「中島川大遊歩道」の実現をめざす市民の活動は、以来いよいよ多彩に発展した。中島川にちなむ絵画、書、写真その他のさまざまなジャンルの作品を一堂に集めた「中島川市民芸術祭――清流の詩」。若者たちのフォークソング、老年パワーによる振付けつきの「中島川音頭」、長唄の新曲「中島川」、その他「中島川茶会」、「句会」、「吟行」。創作民話ができ、紙芝居となり、ついには市内のアマ劇団による創作演劇「桃渓橋」とオペレッタ。

こうして人びとが中島川に注目し始めると、川は次第に美しくなってきた。それには長崎市当局が「坂のまち」長崎での懸命な努力で下水道事業を進めてくれたことの貢献が大きいが、加えて人びとが平気でごみを捨てていたのをやめ、川掃除をする人が増えたことも大きい。「清流のほとりの大遊歩道」の夢は、ついに具体化に向かって動き始めたのだ。

4 洪水が石橋群を襲った ——遅きに失した対策

しかし天は、決して甘くはなかった。恐れていた洪水問題がついに発生したのである。前述したように筆者はニュータウンづくりの現場で、しばしば水系・土砂系の災害への対策に苦労してきたから、中島川を見た時から、この川は洪水災害の危険度が高いと直感した。いつか必ず氾濫するので備えなければと、学生や親しい市民には伝え、調査を進めてきた。そこで県市の土木部局の担当者に正式に呼びかけて、中島川洪水対策の研究会をなんとか発足させた。なんとその初会合が7・23災害のちょうど1週間前。残念ながら遅すぎたし、あと研究会は自然消滅した。

大規模災害はそれ自体の被害に加えて、あとの災害復旧、復興の過程でまちの風情が大きく壊されることを、行政の技術者としての経験から筆者は熟知していた。だから石橋群の損壊については、ああ、これでおしまいかと悲観的な思いもよぎったが、それでも住民の側が先手を打って行動しなければ事態はいっそう悪くなると、思い直した。

予想通り、二級河川の中島川の管理者である長崎県土木部は、いち早く国の激甚災害特別補助事業（略称「激特事業」）の申請にかかり、被災の2週後には早くも復旧事業計画の概要を発表した。それには中島川の石橋群は洪水の流下を阻害する存在であり、河川の改

二級河川
一級水系以外の「公共の利害に重要な関係がある水系」。

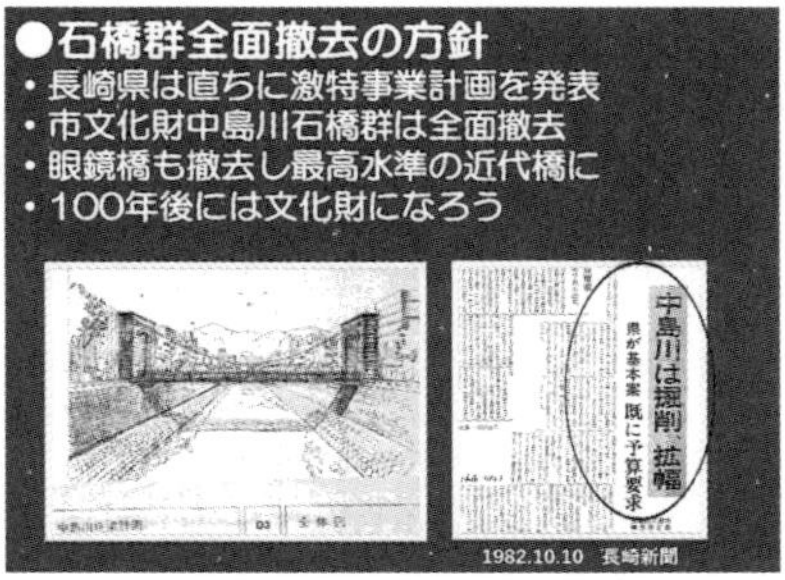

図 2-3　河川改修方針の新聞記事

修とともにすべて撤去して近代橋に建て替えると明記されていた。当然この内容は国（建設省）の指導と了解のもとでつくられており、変更不能が常識とされるものであった。

しかしこれまで中島川に関わってきた面々は、決して絶望していなかった。さっそく石橋群の復旧・復興に向けて活動展開をするべく「中島川復興委員会」が結成され、市民活動が再開した。この動きに対しては、新聞の見出しに「文化財か、人命か」と出るなど、当初はまさに四面楚歌。やはり災害直後の報道映像から「長崎災害イコール中島川の氾濫。その元凶こそ眼鏡橋と石橋群」という認識が浸透していたからであろう。霞が関で決定された行政の改修方針の背景にも、おそらくあの映像の印象が働いたのではないかと思う。

じつは災害発生の翌朝早く、筆者はかねて私淑していた当時東京大学教授であった河川工学の高橋裕先生のご自宅に、思い切って電話をした。その時のことを先生は最近の著書に、筆者が「中島川の眼鏡橋が壊れた。復元に立ち上がるから、すぐ来てくれと涙ながらに要請した」と記されている。高橋先生は「長崎にふさわしい復旧・復興の姿を実現すべきだ」と言われ、その後も、国と長崎県に対して適切な助言をされたことが同書に紹介されている（高橋裕著『川と国土の危機』２０１２、岩波新書）。

5　市民による浸水被害の実態調査

まずは人びとの誤解を早急に解かなければならない。そこで山口祐造さんの提案と指揮のもと、市民による浸水被害の実態調査が始まった。

写真 2-4　眼鏡橋保存について考える市民集会

8月1日から数週間をかけて延べ120人による680地点におよぶ現地測量を含む被災実態調査の結果、明らかになったのは、浸水深さの大きかったのが中島川よりも水位が低く、中島川と並行に走る「ししとき川」の周辺であること。中島川の氾濫水ももちろんあったが、石橋群が崩壊したことで川の水位が下がったこともあり、「ししとき川」の流域からの大量の水がその地点に集まったのが都心部一帯の浸水の主因であった。

さらに現地を歩いて調べると、「ししとき川」は下流で「銅座川」と合流し、さらにそれは河口近くで中島川と無理に合流して一本の水系になっているのに気がついた。もともと「銅座川」は直接長崎港に注ぐ別の独立水系であった。二つの河川を合流させ、川幅を狭めるという非常識な工事についてさらに調べると、「銅座川」下流の元の河川敷は1954年に埋め立てられて都心部に新しく一等地が生まれ、第三者に売却されて立派なビル群に変貌している。なにやら不正の臭いが感じられたが、ともかくそのために中島川下流部の水はけが悪くなり、明らかに浸水被害を大きくしていた。つまり「人災」の要素が加わっていたのである。9月3日にこの調査結果を記者発表すると反響は大きかった。

時間とともに誤解は徐々に解けていき、テレビ局が主催する市民討論会が眼鏡橋の傍らで開催されるなど、次第に長崎の町の風情の保存を求める声が高まってきた。

6　「長崎防災都市構想策定委員会」の発足　——中島川の「基本方針」決定

一方9月に入って、県知事は長崎の将来構想に外部の知恵を集めるべく、諮問委員会を設置した。その背景には、高田勇県政のガイドラインである「新・長崎県開発構想（通称

「平田構想」）」の立案者である元大蔵省事務次官、当時地域振興公団総裁で長崎県出身の平田敬一郎氏の強力なアドバイスがあったと聞く。同氏は82年10月発行の月刊『長崎県人』に、「現代の土木技術を駆使すれば、眼鏡橋の現地保存も可能性がある」旨の発言をされており、早い段階から大蔵、建設両省へ働きかけ、長崎復興に尽力されたようだ。

同委員会設置の目的は「歴史と伝統にはぐくまれた長崎の街を、再びこのような災禍を繰り返さないために、この水害の教訓をふまえ、総合的な防災対策の上に立って新しい都市づくりを進めること」であるとして、県が人選した地元16、県外9、行政機関5の合計30名で委員会が構成された。この委員会に「中島川を守る会」会長の小川緑氏への参加要請があり、「会」としては病身の会長の代理として筆者が毎回出席することになった。

論議する内容としては、①適正な土地利用計画（人口フレーム、危険区域の指定、住宅・宅地開発）、②施設整備（急傾斜地崩壊対策、洪水調節、河川改修、都市計画）と多岐にわたる。9月11日に第一回の委員会があり、互選で委員長に井上孝氏（横浜国立大学教授）、副委員長に荒木大麓氏（長崎県住宅供給公社理事長）が就任した。そこで任期は83年9月ではあるが、12月末までに出すべき「基本方針」なるものの最大の焦点は「中島川問題」であると明らかにされた。

諮問事項について各委員のフリーディスカッションが行われ、筆者は中島川復興委員会の名で「長崎の修復と再生および中島川の復興について（提案）」と題する資料を配布し、次の各点についてコメントを述べた。

①死亡災害ゼロの都市づくりをめざすこと。

②安全性と住みよさ、美観の統一的達成をめざすこと。
③中島川の治水防災計画は地元住民の意見を十分聞き、科学的かつ詳細な調査に基づいて進めること。
④中島川石橋群は「石橋」での完全復旧をめざすべきこと。

なかでも力説したのは、長崎市民の〝母なる川〟と呼ばれる中島川の復興についてである。これが観光長崎の将来を大きく左右する問題であること。石炭から水産、造船と不振にあえいできた本市経済の最後の砦である「観光」がいよいよダメになるかどうかの瀬戸際であることを十分念頭におき、全国の同様都市河川治水の優れたモデルケースとして、復興の過程そのものを観光資源とする方向を積極的に求めようと述べた。

委員長の井上氏は建設省の元トップ官僚で、小樽運河の保存問題についても委員長をつとめ、埋め立てを進める行政寄りの姿勢で委員会を仕切ったと聞いていた。荒木氏は長崎県の前土木部長であり、この委員会には何の期待も持てないと思った。そこで最後は席を蹴る覚悟で、次からはダメもとで思い切った発言をしようと決意した。

10月9日の第2回策定委員会は、中島川の河川計画がメインテーマであり、まず県の河川砂防課長から、このほど県の策定した構想について概略次のような説明があった。

①改修規模等の設定：計画降雨量100年確率で時間最大127・5ミリ。
②洪水流量の計算：上流部に既存の3つの水源地ダムを洪水調節ダムに改造して合計毎秒190立方メートルをカットしたうえで西山川合流点で毎秒550立方メートルを計画

表 2-1　防災構想策定委に提出された県の素案の概要（県の資料を筆者が整理）

	A案	B案	C案
改修計画	川床の掘削と川幅の一部拡幅	拡幅して幅員を30m以上とする	川沿いに前面または部分的に暗渠バイパス
事業費	60億円	145億円	209～317億円
移転・用地	左岸62戸、右岸6戸の家屋移転	左岸62戸右岸68戸移転、右岸の公園、道路無くなる	バイパスルート沿いに107～164戸の家屋移転
橋梁	15橋の架替、眼鏡橋移転	18橋の架替	2-8橋の架替、石橋は復元
評価	経済性、即効性、問題少ないので、最も妥当	家屋移転、公園移転、国道代替など問題多い	家屋移転、施工管理、即効性に問題

高水とする。計算式は合理式を用いる。

③橋梁のつけかえ：河川管理施設構造令に従って、十分余裕をもって「近代橋」にする。したがって重要文化財の眼鏡橋も、市の指定文化財である他の石橋も当然現在の地では架けられない。眼鏡橋は川の右岸の河川沿いの公園内に移転したい。「近代橋」は、鋼材、親柱、橋梁自体の細部にも趣向を凝らす。

④対案の検討：ＡＢＣの３案があり、県としては比較検討の結果、Ａ案が事業費の点で各段に経済性が高く、問題点も少ないという結論に達した。

この案はすでに県議会の土木委員会で内容を公表していたため、さきに資料を入手していたので、守る会で議論のうえで作成した要望書を配布して概略次のような意見を述べた。

①今次災害で多数の死者を出し、なお危険にさらされている土石流等の被災地の対策を急ぐため、予報、警報、避難のシステムの確立を急いでほしい。「眼鏡橋の復元是か非か」の議論ばかりがクローズアップされて、市民の中に違和感が広がっている。

②県管理の二級河川中島川についての改修問題ばかりが先行している。しかし、浸水被害の大きかったのは、中島川より標高の低い支流であり、中島川本流の拡幅改修ではあの浸水被害問題は決して解決できない。支流である長崎市管理の「ししとき川」と「銅座川」の改修を含む総合治水の考え方に立たなければならない。

③素案策定の基礎数値に疑問がある。計画雨量として長崎海洋気象台の正１時間１１５ミリを採用し、これを「１００年確率降雨」とした経過がおかしい。中島川・西山川の計

画高水流量を毎秒550立方メートルとした計算根拠にも疑問がある。環境を破壊しすぎである。

④改修規模のほうから高水流量と年確率を逆算した複数案を提示し、市民レベルで議論し決定すべきだ。たとえばひざ下までの浸水でも市民は許容できないのかどうか。また石橋には洪水時に崩落して水位を下げる「ヒューズ効果」が期待できる。そういう高度な柔構造都市にしないと100年確率をさらに超える豪雨がきたときに対応できない。

⑤中島川上流にある既存の水源地ダムの改造が話題になっているが、本河内高部ダムは1889年（明治22）築造の日本最初の洋式アースダム。同低部ダムは西山川流域にある西山ダムとともに1902年（明治35）に建造された、わが国最初期のコンクリートダムである。いずれも貴重な技術文化財で、学習型観光資源として慎重に扱ってほしい。

委員会の中で、筆者の発言に共感をもってうなずいてくれるのは地元の数人だけ。他の人は「またか」という顔で空しい感じではあったが、その後もめげずに毎回資料を用意し、相当な時間をとって発言した。幸い委員長は、筆者への官僚的な拒否発言は一切されず、当初の思い込みとは違って少し期待ができそうな感じを受け始めていた。

7　計画高水流量をめぐる論議

問題は、河川改修の規模を規定する「計画高水流量」の決定である。これが小さければ改修の規模は小さく、川の風情も守りやすいが、大きければ環境は大きく破壊される。十

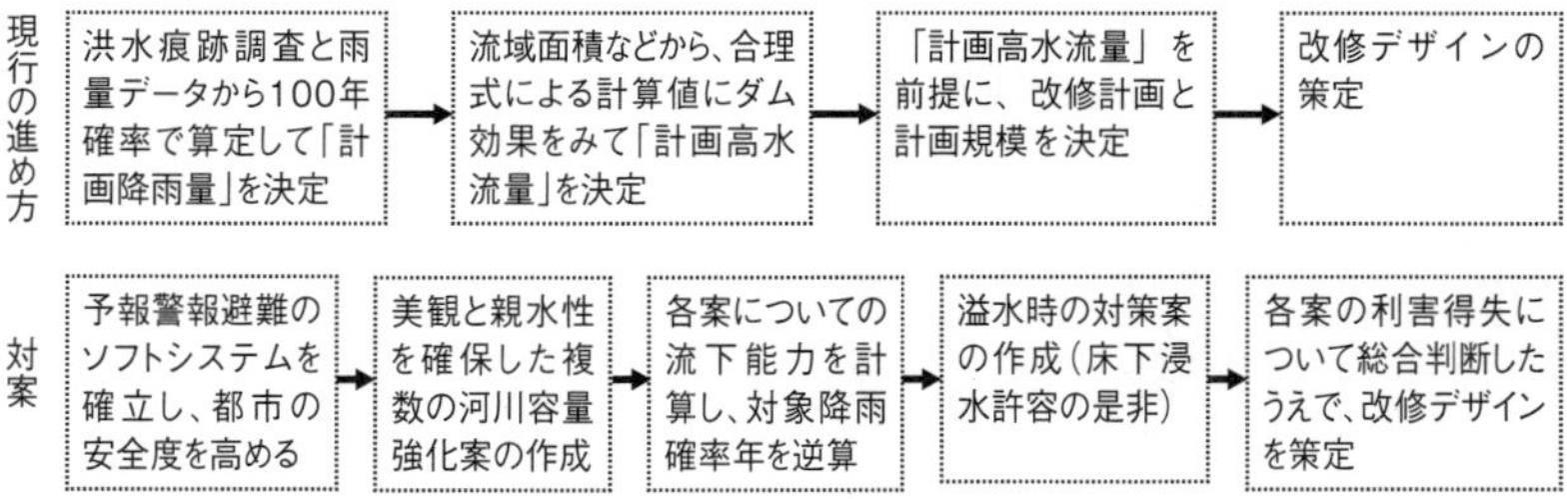

図 2-4　中島川改修計画規模の決定プロセス（上段は現行の流れ、下段は筆者の考えた対案）

分な「水文データ」のなかった中島川の改修計画規模の決定プロセスは、図２-４の上段のような流れで進められ、その結果として川幅の拡幅と石橋撤去が決められたものと思われる。

この各段階で「決定」し「策定」に至るまでの流れを覆すのは、なかなか難しい。長年にわたって国の指導のもとに全国で進められてきた「一方通行」の方式である。そして出てきた「改修デザイン」が悪くてもそのまま押し切ろうとする。悪ければ元に戻るというフィードバックのシステムがない。しかし、ここを突破しない限り環境は守れない。筆者の考えた対案は、図２-４の下段に示したような流れである。

この〈対案〉は、複数案を誰がどのように「総合判断」するのか。住民投票にするといった方法で、果たして異論を抑えきれるかどうか。議論はできても、最終的には責任ある管理者、つまり行政が同意しなければ、ことは動かないという弱点があった。

県の提起した「計画高水量」の毎秒５５０立方メートルは、県が定めた洪水実績推計の毎秒４９７立方メートル、土砂混入ありで毎秒５４７立方メートルに基づいていた。これは、長崎大学調査団の推計値毎秒３２０立方メートルや、京都大学防災研究所の毎秒３４０立方メートルよりも相当大きい。もし、長崎大や京大の数値を採用して、たとえば「計画高水量」をやや大きめの毎秒４００立方メートルにしても、県の案より毎秒１５０立方メートル少なくなるから、県の計画である４～５メートルの河川拡幅も、暗渠設置も全く不要となり、中島川の環境は守られ、石橋群も元通り復活することができる。

11月13日の第３回の防災構想策定委員会で筆者は、この「計画高水流量」の数値を減らす提案と、激特事業の適用をやめ、まずは都市の安全を確保したうえで時間をかけて段階

写真2-5　中島川救援の署名活動（東京数寄屋橋）

的に中島川の改修を進める提案をしたが、筆者の力量不足もあって、結果的には一種の「水掛け論」に持ち込まれてしまった。そして最終的には「激特事業」の日程的な制約に合わせて、県が河川管理者としての「方針」として、西山川合流点の計画高水量を少し削って毎秒510立方メートルと決定すると発言し、県外の大学研究者の方が「長崎市は町中を川にしなければならないほど危険度の高い町だ」「少しでも大きい目にしたほうが安全側である」と述べられて、反対少数で「決着」された。

8　事態は急展開、眼鏡橋は残った！

これより前に「中島川復興委員会」は、近隣住民への説明会や自治会への報告会、全国の多分野の研究者の参加による「長崎市の修復と再生公開シンポジウム」、「中島川復興10万人署名運動」などを展開した。さらに11月3日には長崎から筆者の学生も含む8名が東京に乗り込み、数寄屋橋で長崎災害の現状報告と石橋復元の署名活動を展開。運動は全国区に広がり始めた。このころ、文化庁は重要文化財である眼鏡橋の保存を強く主張し、建設省内部でも眼鏡橋の現地保存への見直しについての具体的な検討に入った模様である。そうこうするうちに、事態は急展開した。

11月初めに文化庁は重要文化財の現地での完全復元の方向で3500万円の事業予算を計上（内訳は70%を文化庁、残りを県と市が15%ずつ）。そして12月3日の県議会で長崎県知事は「事業費や防災上支障がなければ、眼鏡橋を残す方向で検討してもらう」と表明。続いて翌年1月6日策定委員会会長の井上孝氏は、中島川について「掘削一部拡幅方式を基本とする。眼鏡橋は現位置に残すことを可能な限り検討する。その場合は、暗渠バイパス方式とし、模型実験での可能性を前提とする」との中間答申を提出した。こうして眼鏡橋の現地修復保存はついに決定されたのである。

事態が急展開したのはなぜだろうか。じつのところ筆者にはよくわからない。県の試算では、眼鏡橋を現地保存すれば暗渠バイパス設置に加えて上流部のダムの治水ダム化等で450～560億円が必要とされていた。災害復旧にはかなり多額の事業費が長崎県方面に流れ込むとはいえ、「眼鏡橋を救う」という目的で多額の国費の支出増が認められるとはこれまでの常識では考えられない。しかしこの総工費を国が認める見込みがなければ、委員会での決定も絵に描いた餅だから、おそらく国の事前了承があったにちがいない。

たしかに時代は河川行政の歴史的転換期に入りつつあった。1997年の河川法大改正のまさに前夜であり、研究者はもちろん、政治家や行政マンの中に、これまでの河川改修が基本的に住民不在で、自然環境と文化的景観や風情を大きく損なってきたことへの批判と反省の機運が生まれていた。加えて、中島川の場合は被災以前の環境保全やまつりなどの市民活動の蓄積の影響も決して小さくはなかったと思う。さっそく、高橋裕先生に「不満ながらこういう結論に達しました」と報告すると、「片寄さん、やりましたねえ」とのねぎらいのお言葉をいただき、早くからこの流れを察しておられたと理解した。

結局、眼鏡橋については、橋の部分の川幅は拡幅できないとして、その両側に暗渠バイパスを設置することで河川容量を増やすことと上下流部の川岸にあった家々を取り壊し、川の両岸に広い道路敷をつくり、その下に暗渠を配して眼鏡橋への洪水流を減らして保存するという大工事を実施。こうして眼鏡橋の修復工事はその後一年近くをかけて完成した。

(資料 － 8)

長崎県作成の眼鏡橋地点暗渠案

1) 考え方 ── 眼鏡橋地点で現河道の掘削で処理できない流量を左右岸の暗渠で処理する。

2) 縦断計画 ── ①天端高，H.W.L.，計画河床高は現河道改修案と同一とする。②橋梁：眼鏡橋以外の橋梁については全橋改築を行なう。眼鏡橋については，構造令に反するが現況のままとする。

3) 流量配分計画 ── 眼鏡橋を現況で残し，河道の掘削を行なった場合の眼鏡橋の堰上げによる水位がH.W.L. 以下となる流量は270㎥/sec であり，暗渠の計画流量は110㎥/sec となる。

図6－3　流量配分図（修正案）

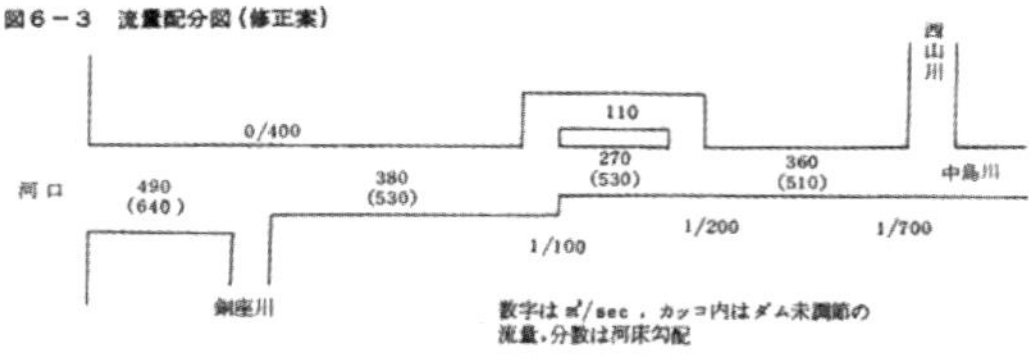

図6－4　暗渠バイパス案

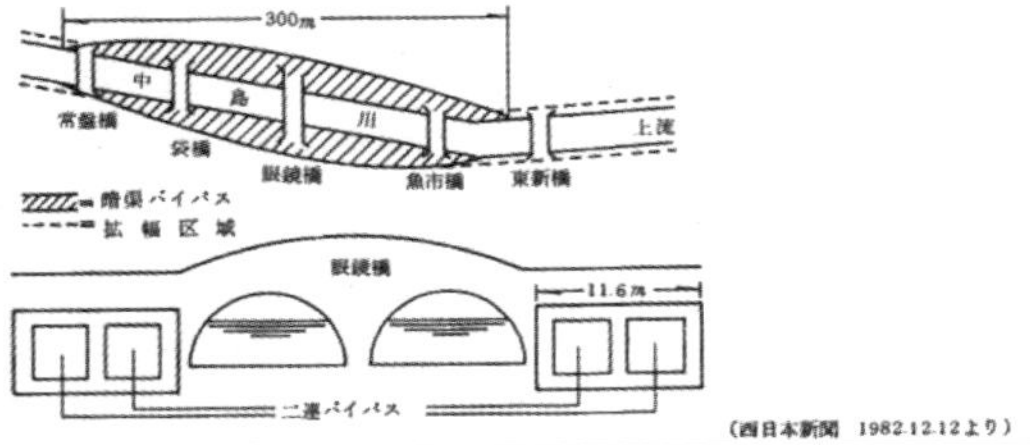

（西日本新聞　1982.12.12より）

図 2-5　眼鏡橋の現地保存のための改装計画
（長崎県土木部資料）

昭和49年8月21日

枯渇、はんらんの恐れ　中島川

守る会が"川相"を写真撮影で調査

無秩序な上流の伐材

川の水の7割は下水

大水害以前の 1974 年 8 月 21 日西日本新聞

昭和57年7月25日　日曜日　15版　(22)

無制限な開発も要因

──長崎大水害に思う──

片寄俊秀教授

1982 年 7 月 25 日西日本新聞

図 2-6　水害について筆者が語った新聞記事

写真 2-6　眼鏡橋の復興を慶び踊る市民

１９８３年10月15日、完工式の主催は長崎市。会場には「祝重要文化財眼鏡橋竣工」の文字看板のついた、紅白の布を巻いたアーチが設けられ、式典には中国福州市の代表団も出席し、文化庁長官、副知事、市長、市議会長、商工会議所会頭らによるテープカット。続いて地元住民を代表して親子三代夫婦による渡り初め。式典につづいて長崎くんちの出し物である、魚の町の川船、江戸町のオランダ船、元古川町の御座船、そして籠町の龍踊が登場し、橋の両側を受けた３０００人の市民の前で勇壮な演技を披露してヤンヤの喝さいを浴びた。さらに驚いたのは、新曲「中島川音頭」に乗せて眼鏡橋を染め抜いた揃いの浴衣で笑顔のたくさんの男女市民が乱舞しながらこれにつづいたことだ。

同時期に中島川沿いの公園で「実行委員会」が開いた「中島川秋まつり」も、災害以来久しぶりということで大賑わい。一時は孤立無援の感もあった運動経過を知る者には、この熱狂的な喜びように、市民は眼鏡橋に、これほどまでも熱い思いを寄せていたのかと、改めて眼が開かれたことであった。

9　眼鏡橋は残ったが……

行政当局が、治水と文化財の保全を両立させる方向をめざして、眼鏡橋の現地復旧を実現させたことは、わが国都市河川史に新しい足跡を残したことは確かである。たとえば２０１６年4月に熊本県を襲った大地震で壁石の崩落した緑川の「二股橋」の復活である。１年のある時期だけ入射する太陽光でアーチの影がハート型を形成することで「恋人たちの聖地」のひとつとして知られる観光地であることから、他の重要な震災復興をすすめながらも翌２０１７年11月には早くも完工し、復興のシンボルとして人びとに希望と勇気を与えた。東北大地震のあと陸前高田市で「奇跡の一本松」を残す努力がされたのも、同様の事例と言えよう。

しかし中島川については、「眼鏡橋一点豪華主義」と言わざるを得ない。たとえばその犠牲として、支流の「しidとき川」の周りや下流部の浸水危険地区について、その後の長崎県と市の真摯な努力は評価しつつも、まだまだ不十分であると思う。再び同様の豪雨が来たとき、前回の浸水地区の水位はそれほど下がらないと思う。また眼鏡橋横の暗渠バイパス建設の犠牲として、眼鏡橋に並んであった商家や民家が数多く立ち退きさせられ、川と一体であった町の独特の風情が大きく損なわれたことも痛恨の思いであった。それに中島川石橋群の古石橋の多くはコンクリート橋に変わり、また石橋に復元されたとは言うものの階段つきで歩きにくい「新石橋」になってしまっている。石垣の積み方も下手で江戸期の風情がない。これらも徐々に中島川にふさわしい石橋の景観に復元するべきだと思う。

そして何よりもわれわれは、あの３００名に近い尊い犠牲者を出した長崎豪雨災害の元凶が、中島川ではなかったことに思いを馳せなければならない。土砂系災害への対策、なかんずく長崎水害で「滑り残した」まだ数多くある斜面災害想定地の問題を解決し、広島に見た同様事例への対策を急がなければならない。

わが国の７割を超える人口が、災害危険地区に住まいしているという現実に対処するには、国土交通省が河川改修の方針として最近「溢れさせる改修」を認めたように、自然の猛威を抑え込むだけではなく、ソフトとハードの対策を巧みに組み合わせて、ひざ下までは浸水を許容しつつ建築的な防災手法を講じるといった、何よりも人命第一の防災・減災策で「柔らかくしのぐ」工夫を大いに普及したい。眼鏡橋の現地復興は、大洪水時には「ヒューズのように」飛んで水位を下げ、人びとの命を守ったアーチ石橋のような構築物の知恵を再評価し、これを柔構造都市のシンボルとするという姿勢も重要であると考えている。

第3章　東日本大震災、発生から8年

小川 知弘

1　復興の概況

（1）東日本大震災の概要

東日本大震災は、2011年3月11日に発生した東北地方太平洋沖を震源とするマグニチュード9・0、最大震度7の巨大地震によって発生した。東日本大震災では地震により発生した巨大な津波が関東地方から東北地方、北海道にかけて襲来し、特に三陸海岸沿岸などではリアス海岸の入り組んだ海岸地形であることなどから津波が巨大化し、大きな被害が発生した。また、津波が福島県に立地する原子力発電所を襲い、福島県双葉町・大熊町にまたがって立地する東京電力福島第一原子力発電所では全電源喪失から炉心溶融へと至り、大量の放射性物質が大気中に放出されるなどの被害が発生している。

人的被害は2018年9月1日現在で死者1万9667人、行方不明者2566人、負傷者6231人となっており、建築物の被害は住宅の全壊が約12万棟、半壊が約28万棟、一部損壊は約75万棟、公共建築物の被害が約1・5万棟などとなっている。人的被害としては第二次大戦後最大となっており、家屋等の建築物の被害も阪神大震災を超える数字となっている。

東日本大震災には、いくつかの点において戦後の日本が経験してきたさまざまな災害とは異なる特質がみられる。代表的な点としては、震災によって発生した福島第一原発の事故による放射能汚染の問題である。また、地震・津波による被害の広域性という点においても戦後の日本が経験したことのないレベルであったといえる。

(2) 復興へ向けた取り組み

災害からの復興については、地方自治体が担うことが前提となっているが、被害の広域性などから、東日本大震災においては内閣に復興大臣が置かれ、内閣の下に復興庁が組織されるなど、国家として復興へ取り組む姿勢が明確にされている。災害からの復興対策のために中央に特別の機関や省庁が設置されるのは関東大震災における帝都復興院以来といえる（災害からの復興以外では、第二次世界大戦後の戦災復興を目的とした戦災復興院が設置されていた時期がある）。また、東日本大震災復興基本法が制定されるなど、法的な裏づけもなされている。復興に必要な施策を実現するための財源確保を目的に復興財源特別措置法が制定され、復興特別法人税及び復興特別所得税が課されることになった。

(3) 復興の経過と現況

復興には、住居や社会インフラを含めた街の再建や生業の再建が重要になってくる。東日本大震災においては、津波による被害を受けた地域において防潮堤の建設やかさ上げ工事・高台移転などを行う必要があったことから、復興プロセスが長期化している地域も多くみられる。また、福島第一原発の事故による放射能汚染の結果、避難指示や帰還困難地域が指定されており、これらの地域では除染の進行にあわせる形で帰還や復興への取り組みが進められている状況にある。

復興庁の資料によると、避難者数は２０１１年3月時点で47万人であったのが、7年後の２０１8年3月には7・1万人となっている。この人数については、捉える視点によって評価は異なるだろう。震災から7年で8分の1近くまで避難者が減ったと捉えることもできるが、震災から7年経過しても避難者が7万人以上にものぼっていると捉えることもできる。

インフラストラクチャーの復興については、地域や分野によって大きく違いが生まれている。福島第一原発事故による避難指示地区などを除くと、内陸部においては道路・鉄道・住宅などのインフラは比較的早くにほとんどが完成している。一方、沿岸部においては高台移転やかさ上げなどの工事が行われた地域を中心に、道路・鉄道などの復旧には時間がかかった地域も多い。それでも、震災から8年が経過する２０１9年度中には鉄道については BRT に転換したものを含めれば震災前のレベルに戻ることになっており、道路についても復興道路・復興支援道路の計画済延長に占める着工済延長は２０１8年3月時点で１００％、供用済延長は58％となっており、交通インフラについては着実に整備が進んでいることがわかる。

被災地のうち、被害の大きかった沿岸部における復興まちづくりは、主に現位置再建、高台移転、多重防御、内陸移転の４つの再建タイプを単独または組み合わせる形で行われている。復興まちづくりのための主な事業としては、都市再生区画整理事業のうちの被災市街地復興土地区画整理事業や津波復興拠点整備事業、防災集団移転促進事業、漁業集落

防潮堤

高潮や津波などの被害を防ぐために設置された堤防のこと。

高台移転

住居や公共施設などを海岸に近い低地から標高の高い造成地に移すこと。東日本大震災の被災地では、防災集団移転促進事業によって高台移転が進められている。

災害危険区域

津波や土砂災害などの危険が著しいことから、建築物を建築するのに適さない区域のことをいう。建築基準法に基づいて、地方自治体が指定し、建築制限を設けている。

防災強化事業などがある。これらの事業の着工率はすでに99％に達しており、復興のための事業は着実に進められてきたといえる。また、災害公営住宅については２０１8年3月時点で供給計画戸数3万１６７戸の96％が完成するなど整備が進んでいる。

2　いま問われていること

田中　正人

発災から8年が経過し、しかし未だ復興の途上にある被災地の現状を思うと、この災害を総括するには尚早と感じる。問題は多方面にわたり、被害の広域性・多様性・甚大性は、大局的な把握をより困難にしている。一方、この8年のプロセスが抱えてきた根本的な問題を明示する作業は喫緊と言ってよく、だがそれにもかかわらず、被災地外にいる我々の切迫感はすでに失われているように思える。東日本の被災地ではなにが起きてきたのか。たとえ不完全であったとしても、その間の根本的問題を抉り出す努力はたえず試みられ、積み重ねられていく必要がある。

さしあたり、ここでは以下の5点を指摘しておきたい。第一に、生活空間の再生に係る復興事業のあり方である。端的に、現行の復興事業は高台移転、防潮堤、盛土による現地再建、災害危険区域指定による居住制限の4つの組み合わせからなるバリエーションと言えるだろう。これらの課題については、すでに多くの調査研究の蓄積がある。だが復興事業の進捗とともに、風景や生態系は激変し、被災者をとりまく状況や被災者自身の意識にも変化が生じてきた可能性がある。論点は幾度となく更新され、その更新過程をトレースすることなしに復興事業を適切に評価することはできない。

第二に、避難過程を支える住まいのあり方である。避難所の劣悪な環境に対し、個々のプライバシーや弱者への配慮が向けられたケースがあった。その試みを、特殊解に終わらせない道筋を描く必要がある。応急仮設住宅は、従来の簡素なプレハブを中心としつつも、木造やケアサポート機能の導入など新たなチャレンジが加えられた。ただそれらは量的にはきわめて限定的であったし、さらにはそのチャレンジが避難生活の安定にいかに寄与したのかについては十分な検証作業が求められる。また、東日本大震災で大々的に採用されたみなし仮設住宅は、住まいや居住地を入居者自身が主体的に選択できるという点で高く評価できる一方、当初から指摘されてきたように、外部の支援者からは入居者の存在がみえにくいという問題がある。みなし仮設に移った被災者がどのような避難生活を送り、いつ生活再建を果たしたのか、果たせていないのかは、やはりよくわかっていない。

関連して、第三に、避難所や仮設住宅での関連死・孤独死の問題である。これらはもはや被災地における普遍的な事象と化しており、ある程度の発生はやむを得ないという雰囲気さえ漂う。だが言うまでもなく、これらは避け得る死であり避けるべき死である。東日本大震災では３７００人以上の関連死が発生し、かならずしもその数には含まれない孤独死も後を絶たない。応急仮設住宅における孤独死者は、宮城県だけで１００人を超えるが、入居戸数に対する割合は24年前の阪神・淡路大震災のそれと比肩する。孤独死者の属性、境遇、孤立の経緯についても両者の傾向はほぼ符合する。すなわち状況はまるで改善してはいない。ならば今後、災害公営住宅への入居が進むなか、この問題はおそらく解消にではなく、深刻化しつつ不可視化へ向かう。発災当初からコミュニティの重要性が叫ばれ、課題は広く共有されていたにもかかわらず、なぜこうした事態を回避できなかったのか。その要因が特定されなければならない。

第四に、そもそも被災者を救済しきれない根本的な原因はどこにあるのかという点である。被災地の復興に対しては、25兆円の予算のもとで8年という歳月が費やされてきた。小熊（2015）が言うように、わが国の政治構造は安定的で、行政職員は勤勉であり、政府予算は手厚い。復興が思うように進まないのは、単なる計画のミスマッチや自治体の人材・能力不足ではなく、旧来型の公共事業偏重という「経路依存」に原因がある。ここから脱却し、「立ち止まって考え、やり直すこと」が重要であるという。「やり直す」ための基本的な方針は、被災者の直接支援である。小熊がこのように指摘してからすでに数年が経過した。未だ「経路依存」からの脱却とは程遠い。どうすれば立ち止まることができるのか。8年という歳月をふりかえるとき、今さら立ち止まることなどできないという思いについ駆られそうになる。だがここでの選択は、東日本大震災の被災地だけでなく、未来の被災地がどのような復興の「経路」をたどるのかをも、確実に決定づけることになるだろう。

最後に、原発事故による地域、生活、コミュニティの破壊をどう考えるのかという点である。圧倒的な不可逆的損失をもたらした原発事故災害の実態を直視するならば、このリスクを将来にわたって受容するという選択はあり得ないはずである。しかし再稼働の動きは鈍ることなく、まさしく「経路依存」のごとく各地で進展している。他方、福島第一原発近傍の被災地では、今なお接近さえできない状況が継続している。その他の20キロ圏の大半は避難指示が解除され、制度上は再居住が可能となっている。再生に向けた地道な取り組みがつづけられ、幾分明るい兆しもある。だがそれは、再生不能な不可逆的損失のあわいに見出された、微かな芽吹きのようなものであるだろう。その芽吹きの大切さ、かけがえのなさは疑い得ない。だとしても、そのことをもって原発を許容可能なリスクとみなすのは明らかな誤謬である。芽吹きの背後にある、たくさんの取り戻せない日常のことを、我々はいったいどれだけ理解しているだろうか。理解をあきらめ、あるいは思考を停止し、このまま無邪気に迂回しつづけるのかどうかが問われている。

3　防潮堤と高台移転、暮らしの再建

荒木　裕子

東日本大震災で浸水した集落部を再び歩くと、防潮堤による津波防御と高台への居住地移転が行われ、防潮堤と高台の間には、居住を制限された災害危険区域が広がっている。この状態を被災者の復興として評価することは未だ難しい。しかしなぜこのような手段が取られることになったのか、確認しておくことは必要であろう。

２０１１年6月に出された東日本大震災復興構想会議報告では「減災」の考え方が示され、これまでの水際の構造物による「防御」の考えに対し、「逃げる」ことの重要性が述べられた。その一方で津波に対する地形別モデルでは、浸水域外への移転や人工地盤、盛り土によるかさ上げ、低地には土地利用規制の考え方が示されている。同6月の中央防災会議専門部会中間とりまとめでは津波を「比較的発生頻度の高い津波（L1津波）」、「最大クラスの津波（L2津波）」の2段階に分けて対策する考え方が示された。次いで国の機関からは、被災後の土地利用の考え方、防潮堤の整備高さの算定方法、津波浸水シミュレーションの設定方法、浸水深さと被害の関係が示された。これにより自治体において復

興まちづくり計画を考えるためには、まず防潮堤の高さを決め、浸水シミュレーションを行い、浸水想定範囲を特定する流れができた。

防潮堤の高さの多くはそのほとんどを管理する県が決めることになる。岩手県は復興構想会議など中央での検討とは並行して、独自に津波対策の考え方を検討していた。その中では防潮堤の整備目標をまちづくり・ソフト対策による合算で安全目標を満たす考え方が示されている。実際に岩手県では釜石市の花露辺地区のように、防潮堤をつくらずに市道を元の地形と一体化するようにかさ上げして津波を食い止める構造としている。ただ花露辺地区の集落は平地が少なく、他の地区から地形的に独立している。もし平地部が広がり宅地が連続している場合は、防潮堤高さを低くすると越流する津波は増大し、浸水想定範囲は広くなり、居住地の確保が難しくなる。浸水想定シミュレーションを行い、居住区域を決めるのは市町村だ。必然的に市町村からは居住地の確保からも高い防潮堤が求められた。

しかし市町村もジレンマに陥ることになる。住民の移転を補助するには防災集団移転事業等を行い移転先を確保するとともに、災害危険区域の指定で元の居住地を買い上げることが求められた。そのためには浸水想定範囲は広いほうがよい。しかし前述の通り居住制限を掛け過ぎると、それだけ移転先の確保が必要で、さらに市街地の中心部近くには住む人がいなくなってしまう。そのため浸水想定シミュレーションの設定潮位高さが調整弁として使われた。それでも岩手、宮城、福島の沿岸部では東日本大震災によって浸水した土地の約三分の一が災害危険区域に指定され、市町村は土地の買い上げを行い、膨大な土地を抱えることになった。

この状態を、安全に居住できるようになったと見るか、被災した上にさらなる生活環境の変化をもたらしたと見るかは、立場によっても異なるだろう。しかし被災後の災害対策を考えるとき、その方法が安全側に寄与することは当然として、被災した生活の再建やその基盤となる地域の再建を妨げず、むしろ再建に寄与することが望まれる。そう考えるなら、安全確保の方法は地域特性に応じた多様性と、それを実現するための住民自身による内発性が必要なのではないだろうか。

参考文献

荒木裕子・北後明彦「津波災害復興における安全性検討過程の課題考察――東日本大震災後の災害危険区域指定プロセスを通して」『日本災害復興学会論文集』第12号、1–11頁、2018年

第4章　福島第一原発事故災害、発生から7年

李　美沙

1　はじめに

福島県南相馬市小高区は、福島第一原子力発電所から20キロ圏内に位置し、原発事故後、2011年4月22日に警戒区域に指定されて以来、2012年4月16日の区域見直しまで、原則許可なく立ち入ることが禁じられた。地震・津波によっても大きな被害を受け、市全体で1144人の死者（直接死636人、震災関連死508人）が出たことに加え、小高区内の1256棟の家屋が被害を受けた（2012年12月時点、3771世帯）。

筆者が所属していた東京大学大学院地域デザイン研究室（窪田亜矢特任教授）では、2014年5月頃から小高に通い始め、2016年7月の市内の原発20キロ圏内の避難指示解除時期に合わせて、小高復興デザインセンターを南相馬市との協働で開所・運営し、2年半が経過しようとしている。本稿では、研究室として小高に関わりをもち始めた当初から現在にかけて、小高における復興から日常へのプロセスを追っていく。

南相馬市
福島県の浜通りに位置し、太平洋に面している。2006年に原町市・小高町・鹿島町の合併によって誕生。東京電力福島第一原子力発電所の事故により、市内の南部や西部で避難指示が出されたが、2016年に避難指示及び居住制限区域は解除されている（ただし、南西部に帰還困難区域が残されている）。

福島第一原子力発電所
東京電力福島第一原子力発電所のこと。福島県双葉郡大熊町と双葉町にまたがって立地している。1967年に着工され、1971年に営業運転を開始した。2011年3月11日の東日本大震災の影響によりメルトダウンなどの事故が発生し、2013年に廃炉が決定している。

空間線量率
空間放射線量率ともいう。対象となる空間における、単位時間当たりの放射線量のこと。単位はマイクロシーベルト毎時（μSv/h）などが使用される。

2　被災後にみられる小高区の変化

小高区には、2011年2月28日当時、1万2834人の居住者がいたが、2018年11月末現在、3060人と震災前に比べて激減している。地区ごとの状況を参照すると、JR常磐線小高駅周辺の中心市街地を含む中部地区において、全体の居住人口の半数以上を占める（図4-1）。一方、山間部含む西部地区では震災前の4分の1、沿岸部に位置する東部地区では震災前の7分の1程度の帰還率という状況であり、小高と一括りに言っても地域によってばらつきがみられる。高齢化率は2011年3月末時点で27・9%であったが、2018年11月末現在で49・6%と跳ね上がっている。児童数の変化をみると、2010年4月時点では小高区全体で4校の小学校に705人の児童がいたが、2017年4月から小高小学校において4校合同で授業が再開されており、現在69人が通っている。中学生も382人（2010年4月時点）から60人（2018年4月）となっている。震災前は2校あった県立高校は統合され、2017年4月から新たに小高産業技術高等学校として開校し、503人の生徒が通っている。

原発事故災害の最大の特徴といえる放射線量については、小高区で放射能測定センター・南相馬による計測が始まった2012年4月の時点で、居住エリアの中でも最大毎時3・92マイクロシーベルト以上の空間線量率が計測された地点もみられたが、年々減少し、生活圏内の除染も実施され、2018年10月時点で、大半の居住エリアで毎時0・5マイクロシーベルト以下となっている。食品についても、山菜類以外の野菜や米は多くがN.D.（不検出）もしくは基準値以下となってきているが、区役所や小高駅前の放射能

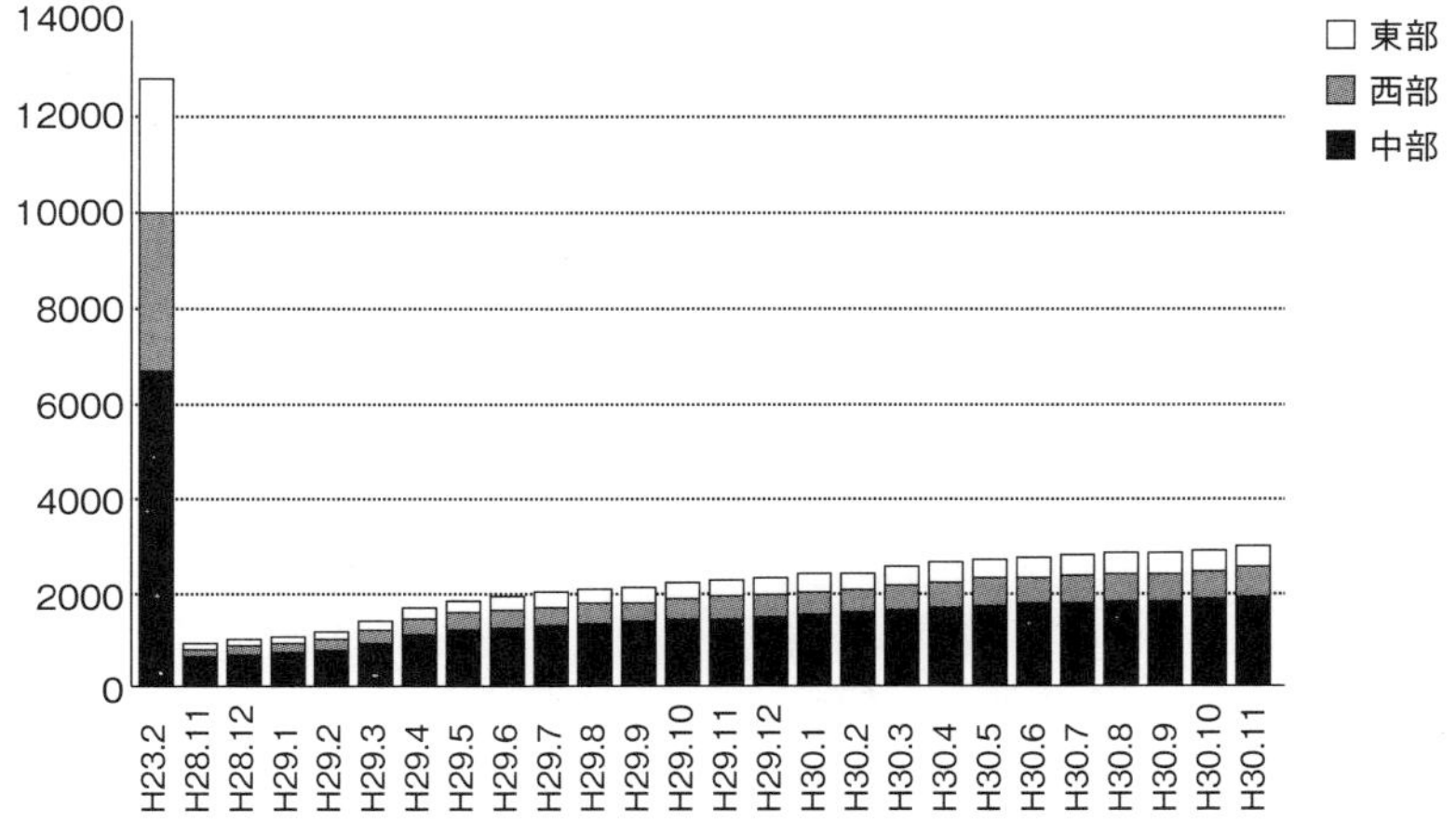

図 4-1　小高区の地区別の居住人口推移（南相馬市）

測定センター南相馬分室に放射能測定器が設置され、無料で手軽に測ることができる環境が整えられており、安全を自分で確認する文化が定着してきている。

また、避難指示解除前後の数年の間であっても、随所で風景の変化がみられる。たとえば、家屋の解体による空き地の増加である。環境省によると、小高区を含む旧避難指示区域全体で２６４８件の解体家屋申請があった。結果として、図４-２にみられるように駅前通り商店街においても空洞化が進んでいる。写真４-１と写真４-２は、まちなかで震災前は理容室を営んでいた場所の家屋解体前後の様子である。首都圏の避難先に子世帯が定着し、所有者のＳ氏は一人住まいであり病気の経験もあったことから、帰還の選択はしない代わりに砂利地に小屋を建て、趣味の陶芸を行うために月に数回通う生活を送られている。また、農地については、写真４-３と写真４-４にみられるような変化が生じている。太陽光パネルを設置し、半農半エネルギー事業として活用する使われ方である。ここでは、もともと牧草地であった場所に、県の事業で太陽光パネルが設置され、20年間土地を貸すことで、地権者や行政区へお金が入る仕組みになっている。地権者のＨ氏はもともと酪農を営んでおり、震災後の数年間はソルガムやデントコーンなどエネルギー資源作物の実証栽培等を行っていたが、現在は、敷地内の主屋を再建して夫婦で帰還し、イングリッシュガーデンづくりに励む姿がみられる。震災前の

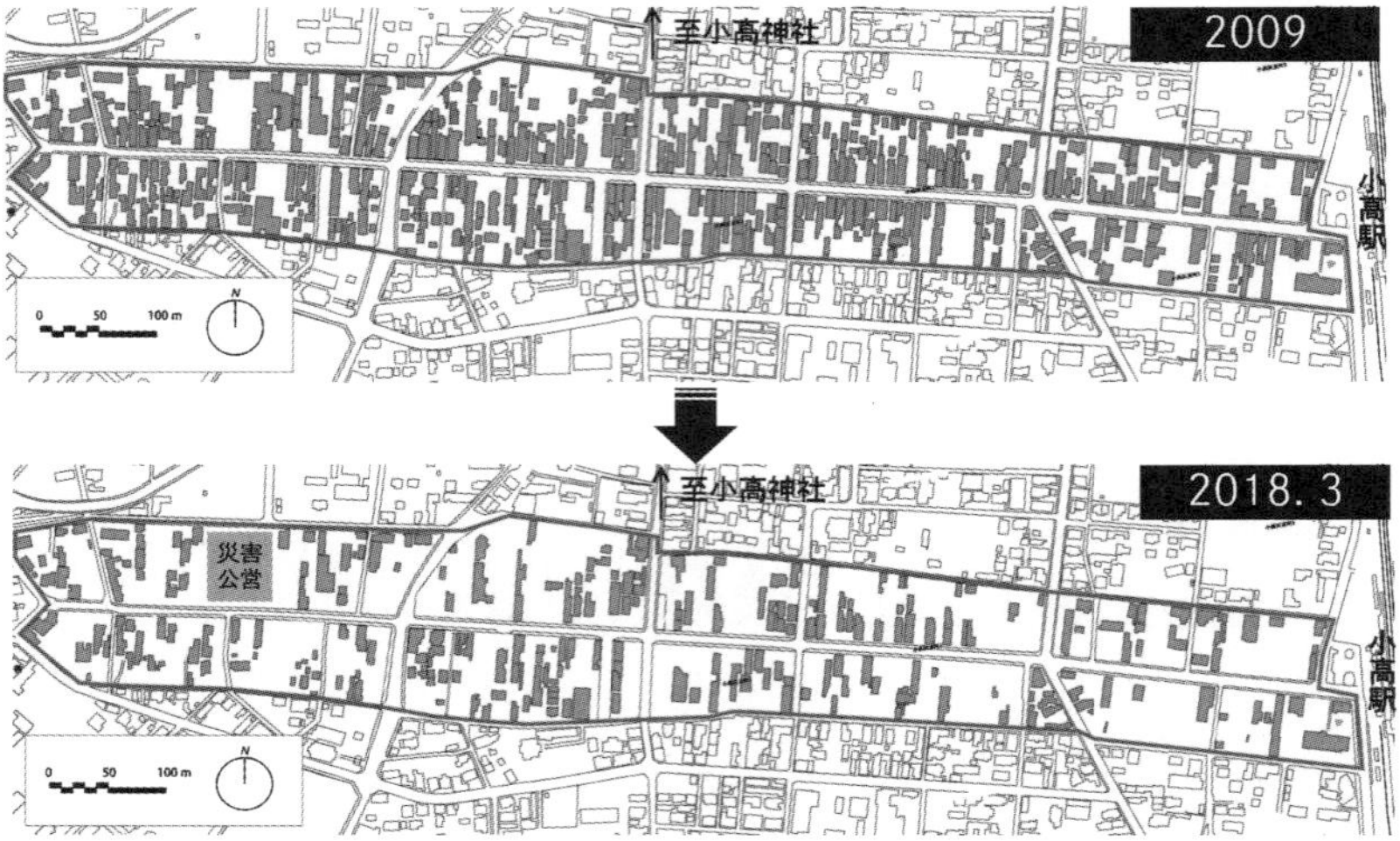

図 4-2　小高駅前通り市街地における震災前後の空地の変化

写真 4-1　家屋解体前（2015 年 2 月撮影）

写真 4-2　家屋解体後（2018 年 12 月撮影）

写真 4-3　牧草地（2015 年 2 月撮影）

写真 4-4　牧草地に太陽光パネル設置
（2018 年 12 月撮影）

写真 4-5　小高ストア（2018 年 12 月撮影）

写真 4-6　小高交流センター（2018 年 12 月撮影）

２０１０年度は、小高区全体で水田作付面積１４９７ヘクタール、畑耕作面積３７０ヘクタールであったところが、２０１７年度時点で水田21ヘクタール、畑77ヘクタールと、全体で営農再開した土地はわずか5・2％という状況であり、人口は激減する一方、管理しなければならない土地の面積は広大になっている。

3　復興事業の概要と進捗状況

復興事業にはさまざまあるが、ここでは、住宅・施設整備と農地関連事業の概要と進捗状況についてみていく。まず、住宅関連であるが、小高区内には3箇所の災害公営住宅（東町20戸、上町18戸、万ヶ迫2戸）が建設された。入居者はすべて小高区内で被災し全壊・半壊した家屋を解体された住民であり、抽選によって決められた。市全体では災害公営住宅が11箇所３５０戸（原町区２２０戸、鹿島区90戸、小高区40戸）つくられ、２０１６年4月から入居が始まったほか、県の事業で復興公営住宅5箇所９２７戸（原町区８７７戸、鹿島区50戸）が建設され、２０１７年12月までにすべて竣工し、双葉郡からの被災者も入居されている。仮設住宅・借上げ住宅の供与は２０１９年3月末をもって終了する予定となっている。

つぎに、小高区内に計画されている施設についてみていく。２０１８年12月には、住民の要望を受け、公設民営型の商業施設「小高ストア」が開設された（延床面積４３０平方メートル程度）。２０１９年1月には、復興拠点施設「小高交流センター」が整備され、子育てサロンや交流スペース、マルシェ、カフェ等が併設される予定である（整備面積約

5900平方メートル）。また、2020年度には、市で認定こども園や子どもの遊び場を新たに整備する計画がある。

農地については、圃場整備によって大型機械を入れられるようにする計画が小高区で219ヘクタールあり、整備が完了した農地から順次、震災後新たに立ち上がった農業法人が担い手となり、作付けを始めている。その他、沿岸部は災害復旧事業が完了していない農地が多く、実証栽培は一部で行われているものの、本格的な営農再開には未だ時間がかかる。井田川地区という干拓地では、市で「井田川地区再生ビジョン」がつくられ、約50ヘクタールの太陽光発電事業や最大150ヘクタールの圃場整備事業等の計画がある。現在、営農再開されていない農地については、営農再開支援農地保全管理事業補助金として、震災により被災した農地の保全管理作業を実施する団体に補助金が交付されている。津波被災農地663・5ヘクタールに対しては、「ふるさと小高区地域農業復興組合」という団体が、津波被災以外農地1770・0ヘクタールに対しては「小高区ふるさと農地復興組合」という団体がそれぞれ地元で立ち上げられ、農地保全管理を行っている。なお、復興組合による管理は2019年度までの予定となっており、その後の農地保全をどのようにして継続していくかが課題となっている。

4　多様な主体による実践的な取り組み

ここからは、小高区で震災後、多様な主体によって展開されてきた取り組みについて報告する。小高では、もともとあった空間を民間の力で活かし、新たな価値を創出している場合が多数みられる。表4−1に、筆者が現在把握している限りの、空地や空家を震災前とは異なった使い方で活用されている事例を一覧にした。すべては報告できないが、いくつかここで紹介させていただきたい。避難指示解除前の2013年頃からそのような動きは始まっており、最初は事例20につくられた交流広場において、月に1回ほど、住民や訪問者が集まり、話し合う場ができたことがひとつの契機となり、第一波のさまざまな活動へとつながった。この場は、住民同士の近況報告やストレス発散の場としてはじめは機能していたが、回を重ねるうちに、なにかをしてみようという前向きな方向へと変わっていったという。その後、小高で昔盛んであった機織りをやってみようという方向性が定まり、先進事例の視察等、一から取り組み始め、蚕を飼育して繭をつくり、糸にしてものをつくるところまですべてを手作業で行った。今となっては、ストールやアクセサリー等の商品開発・販売を行うところまで発展している。この会にも参加されていた事例3の経営主W氏が、駅前に事務所を借り、コワーキングスペースとして拠点を設けたのが2014年5月のことであり、その後、事例9の主婦によるランチ営業の店舗を経営したり、事例8の女性が働ける場所としてのガラスアクセサリー工房兼店舗をつくったりというように、多くの種が蒔かれた。これと同時期に活動されていたのが事例2の経営を担う旅館の女将K氏と、事例11の経営主でもとは東部地区出身の主婦H氏である。両者とも、小高の風景を取り戻したいという想いから、当時誰も通る人がいなかったという駅前通りに花を植えて毎日水遣りをしたり（K氏）、外から覗けるガラス張りの事務所を駅前通り沿いに借り、誰でも立ち寄れる場所をつくったり（H氏）していくうちに、外とのつながりができ、活動する者同士で情報交換をしたり、時折、協働でイベントを開催したりする様子も

実施主体の属性	主な用途
小高区上蛯沢／女性	仮設住宅に避難中につくった菜園を移転し再利用
小高区５区／女性	地元作家による手づくり作品等の販売、情報発信
小高区４区／男性	コワーキングスペース
東京都出身／女性	ゲストハウス（主に外国人旅行客を対象）
神奈川県出身／女性	本屋・カフェ・コミュニティスペース・小劇場
小高区５区住民＋東京大学	大型プランターによる菜園＋コミュニティスペース
大阪府出身／男性	カフェ・イベント／コミュニティスペース
小高区４区／女性	ガラスアクセサリー等の工房兼店舗
小高区４区／男性	地域の主婦らによる日替わりランチ営業
住民＋東京大学ほか	公営住宅地内の低未利用地を菜園として活用
小高区上蛯沢／女性	コミュニティスペース＋商品開発・販売
神奈川県出身／男性	アトリエ＋お絵かき教室＋知人限定のディナー提供
小高区塚原／男性ほか	コミュニティサロン（プレハブ小屋を新設）
東京大学ほか	大型プランターによる菜園＋コミュニティスペース
南相馬市＋東京大学	パネル・模型展示＋事務所
小高区小高／男性ほか	区画貸し農園＋コミュニティスペース
小高産業技術高校生徒ら	部活動の練習場
小高区２区／男性	食事処（ランチ）営業＋宴会
市文化財課等	古写真上映や芸術祭等のイベント会場として利用
小高区１区／女性ほか	機織り工場＋コミュニティスペース
小高区大井／男性	桜や花々の植栽＋東屋のある休憩スペース
塚原行政区有志	地元のグラウンド・ゴルフ団体の練習場（週２回）
小高区下耳谷／女性	デイサービスセンター
広島県出身／女性	預かり馬の飼育
小高区大富／女性	デイサービスセンター
大富行政区	ひまわり迷路、菜の花等の景観植物栽培
小高区大井／男性	桜や花々の植栽＋東屋のある休憩スペース
近隣行政区の住民	パークゴルフの練習場
原町区の保育園長／男性	音楽ライブ等イベント会場＋宿泊施設＋ジップライン
小屋木行政区有志	パーク＆グラウンド・ゴルフ場＋コミュニティスペース

表 4-1　小高区における空地・空家等活用事例

No.	元の形態	活用開始時期	所在地
事例 1	空地	不明	小高区 5 区
事例 2	空き店舗	H27.1 ～	小高区 5 区
事例 3	空き店舗	H26.5 ～	小高区 5 区
事例 4	民家	H29.7 ～	小高区 5 区
事例 5	空き事務所	H30.4 ～	小高区 5 区
事例 6	駐車場	H30.3 ～	小高区 5 区
事例 7	空き店舗	H30.6 ～（H28.12 ～）	小高区 5 区
事例 8	空き店舗	H27.11 ～	小高区 5 区
事例 9	空き店舗	H26.12 ～ H28.3	小高区 5 区
事例 10	災害公営住宅	H29.3 ～	小高区 5 区
事例 11	空き事務所	H29.4 ～（H27.10 ～）	小高区 4 区
事例 12	空き事務所	H29.4 ～	小高区 4 区
事例 13	民家跡地	H28.7 ～	小高区 4 区
事例 14	空地	H29.10 ～	小高区 4 区
事例 15	空き事務所	H28.7 ～	小高区 3 区
事例 16	遊休農地	H30.6 ～	小高区 3 区
事例 17	閉校後の校庭	H29.4 ～	小高区 3 区
事例 18	旅館	H30.8 ～	小高区 2 区
事例 19	蔵	H28.10 ～	小高区 1 区
事例 20	空き事務所	H25.5 ～	大井行政区
事例 21	民家跡地	H30.2 ～	大井行政区
事例 22	空地	H30.4 ～	塚原行政区
事例 23	民家	H29.9 ～	下耳谷行政区
事例 24	空き厩舎	不明	大富行政区
事例 25	民家	H29.11 ～	大富行政区
事例 26	牧草地（休）	H29.7 ～	大富行政区
事例 27	空地	H30.12 ～	大富行政区
事例 28	休校中の校庭	不明	南鳩原行政区
事例 29	空家	H30.4 ～	羽倉行政区
事例 30	遊休農地	H29.11 ～	小屋木行政区

みられた。以上が避難指示解除前の動きであるが、解除前から先陣を切って活動されてきた方々がパイプ役となって始まった取り組みが多い。たとえば事例4、7、12である。いずれも都市部からの移住者による取り組みであるが、場所の斡旋や必要な道具の提供などに、K氏やH氏が関わっている。避難指示解除後は、帰還した人同士のふれあいの場としてのサロン（事例13）やコミュニティスペース（事例5、7）、高齢者増加に合わせたデイサービスセンター（事例23、25）、外に出るきっかけにもなり得る共同菜園（事例6、10、14、16）等、ニーズに合わせた活動が各所で展開されてきた。集落部では、景観植物を植えて人を呼ぶスポットをつくったり（事例21、26、27）、健康維持のためのパーク・グラウンドゴルフ場を整備したり（事例22、28、30）、広大な土地を生かした活用がみられるのが特徴的である。

5　おわりに

東日本大震災・福島第一原発事故災害から今日まで、小高では、先の見えないなかで膨大な選択を迫られ、激変した状況を受け容れ、気持ちに一定の整理をつけて前を向いて走り続けてきた人もいれば、今も迷いの中にいる人もいる。災害は、多くの人の人生を変えた。さまざまなリスクに向き合い、苦渋の決断の中で諦めざるを得なかったこと、やれることをやっていくうちにリスクを低減できる方法を編み出せたこと、それが周りにも連鎖して新たな活動を生むこと、短い期間のうちにさまざまなことがこの地域で起きていた。

小高で進められている復興のあり方が正しかったのか、あるいは、先に挙げた事例が、原発被災後の地域においてこの7年間のうちに創出された事象としては多いのか少ないのか、小高であったからこそ多様な活動が生まれ得たのか、原発被災との関連はどの程度あるのか、といったなにかしらの評価をするまでの比較対象や情報が不足しておりなんとも言い難いが、事実として、これだけの場が創出されるまで、多くの人たちの挑戦や葛藤があったのだろうと思う。筆者らも、大学の立場として原発被災地でなにができるか、一プレーヤーとして現地に拠点を置き、手探りのなか、活動を重ねてきた。現場に身を置いて初めて、これまで実践されてきた方々の覚悟や苦悩が少しでもわかったと言ってはおこがましいが、至らなさや無力さを感じてしまうことが多かったなかで、小高の人びとの力強さやひたむきな姿勢に何度も救われ、敬服した。

復興事業は、生活圏の除染も終わり、家屋の解体も一部を除いて終了、学校も再開し、ハード整備も先が見えてきており、各地にある仮置場も撤去が進みつつある。復興期から日常へと移行している段階にある。しかし、復興期だからこそ差し伸べられた手が、少しずつ離れていくことも予想されるし、走り続けてきた人びともいつまでも走り続けられるとは限らない。また、これから顕在化する問題も出てくるだろう。一方で、震災後、さまざまな立場から小高に関わる人が増え、関わり方も多様になっている。住民の方々も、避難先・定住先からもとの地域との関わり方をそれぞれ見つけ出し、この7年の間に距離感を掴んできたという人もいる。小高復興デザインセンターは、2018年度をもって現在の形態としての活動は終了するが、ここで得られた経験や反省を活かし、筆者自身、一個人として小高との関わり方を模索していきたいと思う。

参考文献

南相馬市復興企画部危機管理課『東日本大震災南相馬市災害記録誌　追補版』２０１６年３月

放射能測定センター南相馬・ＮＰＯ法人チェルノブイリ救援中部、『放射能とどう向き合うか住民の被爆低減のために』（第2版）２０１７年６月

福島県土木部建築住宅課『復興公営住宅整備記録――原子力災害による避難者の生活再建に向けて』２０１８年３月

南相馬市『井田川地区再生ビジョン――何事にも一人ではなく力を合わせて行動し、井田川が元気で活気ある地域へ』２０１７年11月

南相馬市復興企画部企画課『南相馬市復興関連事業概要』２０１８年３月

ＮＰＯ法人浮船の里〈http://ukifunenosato.org/〉

小高ワーカーズベース〈https://owb.jp/〉

株式会社彩葉〈http://iroha-odaka.com/〉

黒本剛史　川田さくら　太田慈乃　益邑明伸　窪田亜矢「原発被災地域の大量空きストックの利活用に向けた実践的研究――人口激減と居住概念の変化に対応する新マネジメント方法の構築」住総研 研究論文集『実践研究報告集』44号、２２３―２３２頁、２０１８年

萩原拓也　太田慈乃　窪田亜矢「原発被災集落における家屋の維持・再建に関する研究 福島県南相馬市小高区上浦行政区におけるケーススタディ」『日本建築学会計画系論文集』第83巻第７５１号、２０１８年

新妻直人　窪田亜矢「原発複合被災集落における避難指示解除後の土地利用形態に関する研究――福島県南相馬市小高区の集落に着目して」『日本都市計画学会都市計画論文集』第53巻第３号、２０１８年10月

第5章　原発事故から30余年が過ぎたチェルノブイリを訪ねて

益邑　明伸

1　訪問の経緯

ウクライナの北部、ベラルーシとの国境から10キロほどのところにチェルノブイリ原子力発電所がある。１９８６年4月26日、４号機が爆発し、大量の放射性物質が拡散する事故が発生した。筆者は２０１７年11月末、ウクライナのキエフとチェルノブイリ原発事故の立入制限区域を訪れた。今回はその訪問を振り返りたい。

ただし、初めにお断りしておくが、筆者はウクライナあるいはチェルノブイリ事故に詳しいわけではない。事故後、現在に至るまで多くの本が日本でも書かれているが、十分に勉強できているとは言えないまま足を運んでいる。

しかしながら、福島第一原発の被災地の復興まちづくりに関わるなかで、以前からチェルノブイリの被災地の様子を自分の目で観察したいという思いがずっとあった。筆者が所属する東京大学大学院地域デザイン研究室では、福島第一原発から20キロ圏内の地域である南相馬市小高区の復興まちづくりのお手伝いを２０１４年からしており、筆者もその活動に参加してきた。小高区では２０１６年に避難指示の大半が解除されたが、当面の人口

ウクライナ
ヨーロッパ東部に位置する国。旧ソ連を構成していた国の一つで、１９９１年に独立を宣言。首都はキエフ。

チェルノブイリ原子力発電所
旧ソ連の原子力発電所。現在のウクライナに立地していた。１９８６年に4号炉で原子炉の暴走・爆発事故を起こす。

が少ないなか、小高に帰られた方、移住された方が安心して生活でき、かつて小高に住んでいた方も、小高となんらかの繋がりを持ちつづけられるような地域づくりのお手伝いができればと思い活動している。活動するなかで、当初からチェルノブイリの様子を自分の目で見たいと考えていた。事故から30余年、事故を経験した人びと、人びとが去った街、大地は、今どのようになっているのだろうか。

今回は日本のNPOが主催するチェルノブイリのスタディツアーに参加する機会をいただき、ウクライナを訪れることができた。このNPOは長年チェルノブイリ事故の被災地の支援活動をしているが、福島第一原発事故後、福島県南相馬市の支援活動も行っている。このNPOとともに活動している南相馬市小高区の方に誘われて、小高区にお住まいの方々とともに参加し、ウクライナには7日間滞在した。

首都キエフ及びジトミール州の、NPOの支援先やNPOが実施しているウクライナと日本のクリスマスカード交換活動に参加している学校等に訪問し、事故を経験した方々、入院している子どもたちや学校の生徒、その保護者などと対話する機会があった。また立ち入りが制限されている区域も許可を受けて見学した。なお、原発の施設自体には入っていない。

理解が不十分なところが多々あろうと思うが、現地で見聞きし感じたことを書き留めておきたい。チェルノブイリを訪れようと考えている方や現地の様子が気になる方の参考になればと思う。

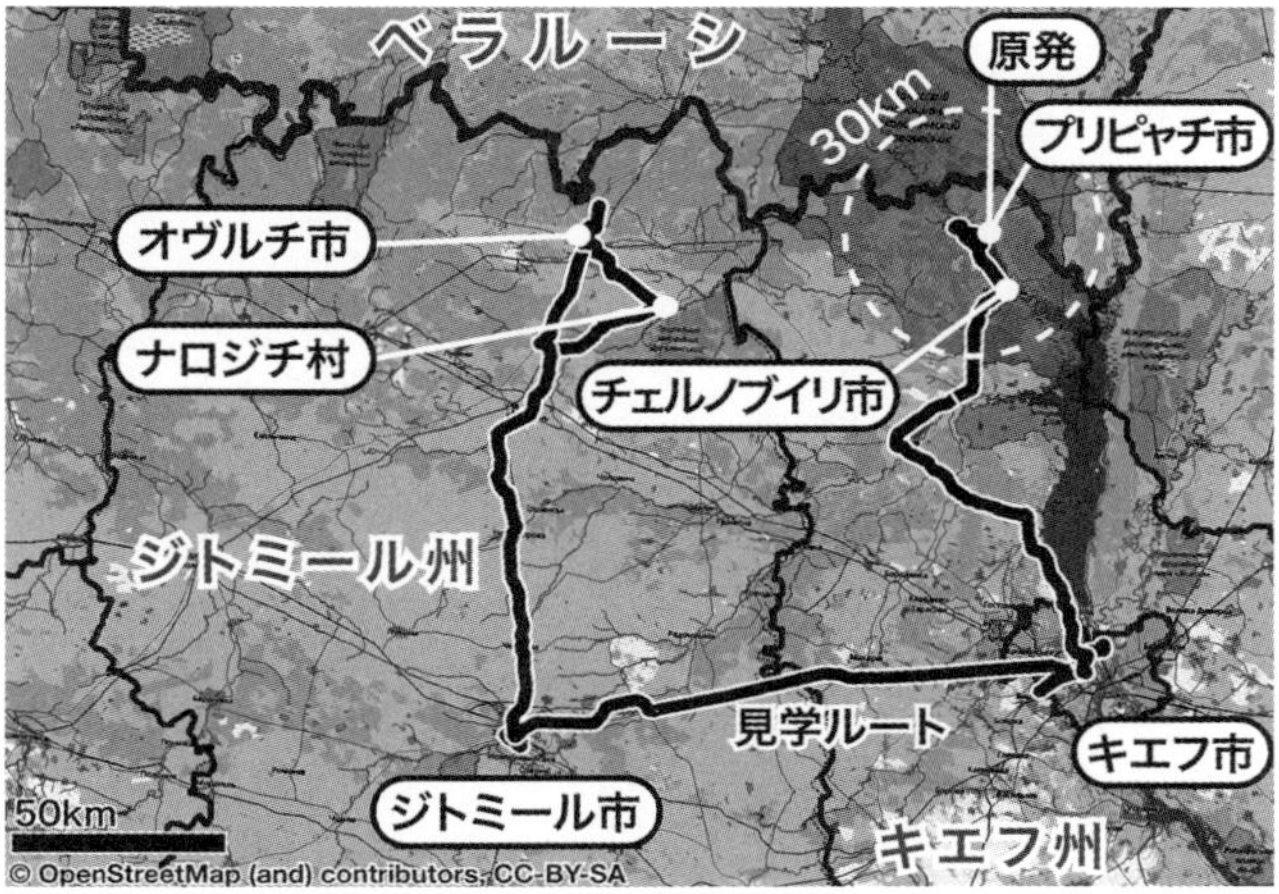

図 5-1　キエフ州、ジトミール州の地図（黒線は今回の見学ルート）

2　チェルノブイリを巡る地理

チェルノブイリ事故はソ連時代に発生し、汚染地域はソ連崩壊によりロシア、ウクライナ、ベラルーシの3国に跨ることとなった。現在は3国で汚染や被災者への対応も少しずつ異なっている。

ウクライナの首都キエフ（特別自治市）は、ウクライナの国土の中央よりやや北側にある人口２９０万人の都市である。ドニエプル川がキエフ市を縦断しており、西岸に観光スポットである古くからの中心市街地がある。

原発からおよそ30キロ圏内のウクライナ国内は立入禁止区域が設定されている。汚染度に応じており円状ではない。立入禁止区域はさらにゾーン１～３に分けられている。立入禁止区域の外側に、「保証された自主的移住ゾーン」、「放射線管理強化ゾーン」が設定されている。ベラルーシ側には「ポレーシェ国立放射線生態学保護区」が設定され、立ち入りが制限されているようだ。

キエフより北１００キロほどのところにチェルノブイリ市がある。現在は原発周辺の立入禁止区域内にあるが、原発作業員が多く暮らす街でもある。夕方に通過すると明かりがいくつも灯っていた。ガイドによると現在、夜間３０００人ほどが滞在しているという。

チェルノブイリ市からさらに北に、プリピャチ市がある。ここは

1970年に、チェルノブイリ原発の建設と合わせて新しく創建された計画都市であった。ソ連の中では当時、先進的な都市のひとつであった。事故直前の人口は1万3414世帯、4万9360人で、大半がチェルノブイリ原子力発電所の従業員とその家族だった。独身者や子どもも多く、市民の平均年齢は26歳と比較的若かった。現在は無人となっている。

プリピャチの市街地からほど近く、南に4キロほどのところに、ドニエプル川の貯水池に面して、チェルノブイリ原発が立つ。1986年の事故当時、1号炉から4号炉までが稼働しており、5号炉、6号炉を建設中だった。

キエフ州の西にあるのがジトミール州である。今回のスタディツアーでは、ジトミール州内のいくつかの街を訪れた。州都ジトミール市は人口27万人。ジトミール市の北にオブルチ市、ナロジチ村がある。

3　ウクライナの人びと

今回のスタディツアーでは、多くのウクライナ人に事故時の自分の行動とその後の人生を語っていただいた。

ジトミールの元消防局長は事故当時消防士として現場近くの消火活動、除染を行った。その後、次第に多くの消防士がガンや循環器系の疾患で亡くなるなか、消防士のための基金をつくり、消防署には祈念碑と展示室を設けた。プリピャチ市に住み原発関連の仕事をしていた女性は、新しいアパートに入居したばかりで原発事故が起き、苦労しながら原発

写真5-1　チェルノブイリ原発の新石棺を望む
記念撮影スポットだが空間線量1.0 μSv/h程度ある。

から避難した。その後は他の原発で働いていたが体調が悪くなり、現在はジトミール近郊で暮らしている。プリピャチに引っ越してきたのは１９７６年だったが、当時は首都キエフよりも生活水準が高かったという。１９８６年に一度戻り娘の服などを持ち出したが、線量が高く結局写真などだけしか持ち帰れなかった。今の廃墟のプリピャチは見たくないという。作業員や軍人として直後に現場近くで作業し被爆した方々は、放射線量計が振り切れたり、きちんと測定されていなかったりするなか、恐怖を感じながらそれぞれ作業に従事していた。彼らも自らの病と戦いながら作業員や障害者のための基金をつくっている。

キエフでは、原発直近の先進都市プリピャチから首都キエフの団地に移住させられた方々の自主的な組織「ゼムリャキ（同郷会の意味）」を訪問した。それぞれプリピャチで被爆したのち、国が無料で提供するアパートで暮らしている。ある女性は、避難後は生活は落ち着かず大変だったが子どものために、できるだけ普通の生活を送るように頑張っていたという。キエフでは住宅供給に割り込む形になって、予定していた人びととは摩擦が生じ大変だったという。みな若者だったので、前向きに仕事をして、悩む暇がなかった。プリピャチに戻りたい気持ちはあるが、建て直しても、それは我々が住んでいたプリピャチではない。プリピャチは全ソ連から人が集まってできた将来の明るい街だった。ゼムリャキは避難してきた人びとが互いに支え合い、ストレスを発散できる場であった。家族の死も乗り越えられたという。

事故から31年が経ち、当時働き盛りだった人びとは事故の恐怖、避難、移住の困難さを味わい、人によっては病いを抱えながら生活を続け、60代後半を迎えている。人生の大半を避難先で過ごすことになった彼らが故郷のことを語るのを聞くと、意気揚々としていた

写真5-2　保証された自主的移住ゾーンのナロジチ村

若者の人生を原発事故が大きく変えてしまったことを痛切に感じたとともに、故郷での平和な暮らしの記憶はかなり昔のものになり、故郷と現在の暮らしが非常に縁遠いものになってしまったことが伝わってくる。

一方、避難せず、もとの土地に留まっている人もいる。ナロジチ村は「保証された自主的移住ゾーン」に含まれ、支援を受けながら移住することも留まることもできる。村は簡素な家と塀が連なり、草を運ぶ馬車やトラクターが行き交う。１９９０年からナロジチの幼稚園で先生をしている女性は、国からは他の町のアパートを提供されたが生まれ育ったところで両親とともに暮らしたかったのだという。移住していく人もいて人それぞれだという。彼女の娘が住む家を見せてもらった。中古物件を買い修復しながら住んでいる。家の真ん中にペチカ（暖房設備）があり、地下には食料の貯蔵庫がある、このあたりでは標準的なしつらえだという。村の幼稚園は、子どもも多く明るい。日本のＯＤＡ等による物品も目についた。

30年という月日が流れ、働き盛りだった人びとが高齢者となっていくと同時に、事故当時子どもだった人びとは親の世代になっていた。ジトミール市とオヴルチ市では学校を訪問し、授業参観や生徒や保護者とお話する機会があった。日本の小学生から高校生までに当たる年齢の子どもがひとつの校舎で学んでいた。

そこで保護者の子どもの頃の事故の記憶を聞けたのは貴重な機会だった。伺う前に読んだ多くの語りは大人の立場からの事故の記憶だったからだ。他の子どもと集団で避難した記憶、甲状腺検診の記憶、大学から帰ったら皆避難していて誰も居なかった記憶、両親が事故の事情をわかっていなかったという記憶……。ある保護者は、伝えづらいこともここ

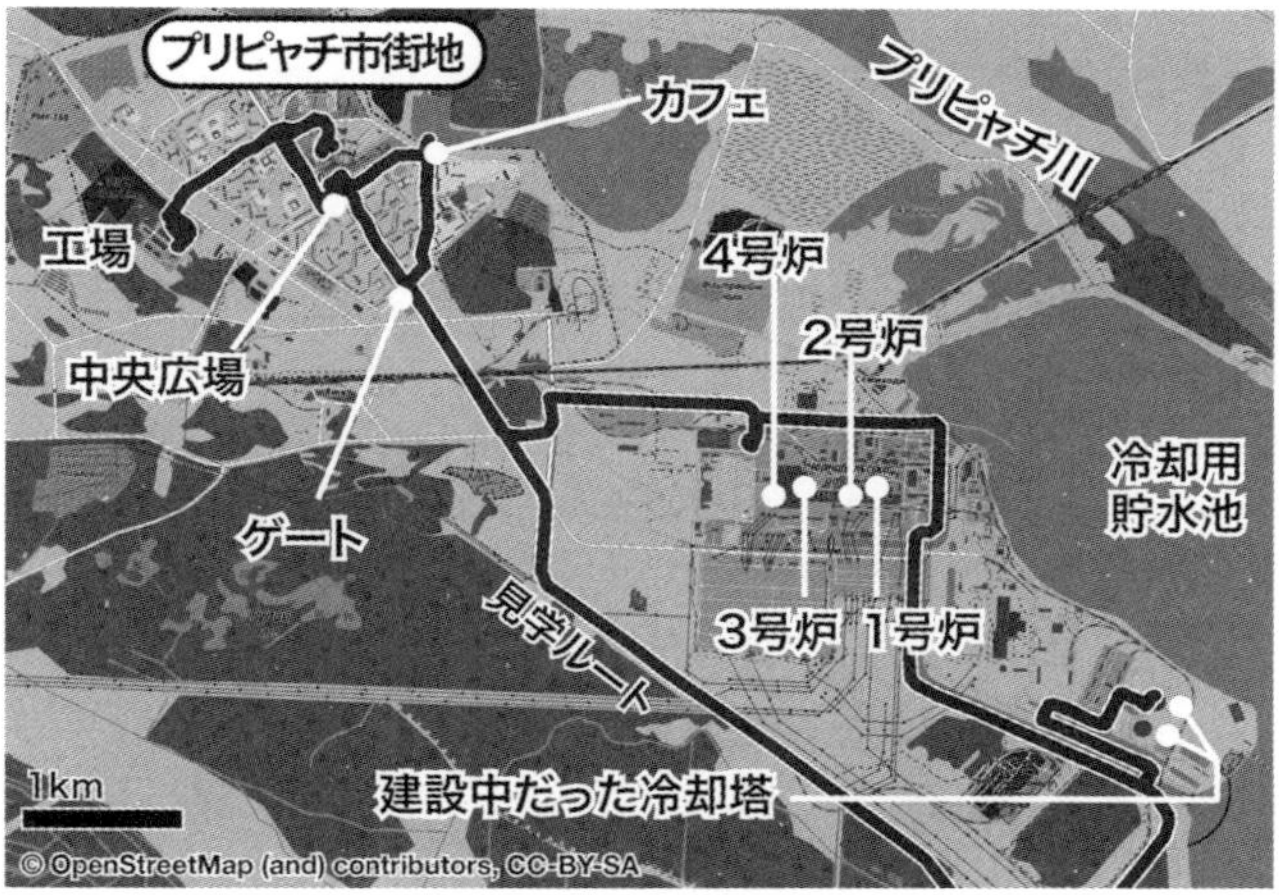

図 5-2　チェルノブイリ原発周辺（黒線は今回の見学ルート）

で暮らす以上全部教えていると話していた。事故を知らぬ世代に汚染された土地で過ごすための知識を伝えていくことには、学校も意識的に取り組んでいるという。

4　立入禁止区域の見学

ツアーのうち1日はチェルノブイリ原発周辺の立入禁止区域を見学した。見学には事前の申請が必要で、検問から国営企業のガイドが必ず同伴し、案内することになっている。車で回りながらガイドの指示で所々で降りて見学する。訪れる場所はある程度ガイド次第で、その場で若干相談できるようだった。

立入禁止区域に入るための検問を通り、北上し原発を目指す。チェルノブイリ市の中心を通り抜けた。最初に訪れた定番見学スポットであるコパチ村幼稚園は、何度も訪れている同行者によれば、以前より周囲の下草などが刈られ整えられ、空間線量もかなり下がっているという。屋外の雨水の集まる地点（高さ1メートル程度）で手持ちの線量計で毎時2・2マイクロシーベルトだった。荒廃が進み、天井や床が所々抜けてきている。

つぎに建設途中で放置されることになった冷却塔を訪れた。線量が下がり最近観光客でも立ち入れるようになったのだという。しかし上

写真 5-3　コパチ村幼稚園内部
朽ちた人形などは観光客が撮影のために勝手に持ち込んだものだという。

部にはコンクリートを打つ足場が当時のまま残され、所々落下しており、あまり安全とは言えない。内側の壁には絵が描かれているが、これは落書きではなく政府が少しでもよく見せようと依頼して描かせたものだという。

ゲートを通り、プリピャチ市の市街地に入る。建物がそのまま残された都市の廃墟が佇んでいた。市街地の外れに、水辺を見下ろすように建つカフェがある。内部には家具などは持ち出されてしまったが、ステンドグラスが残っていた。大通りが交差する中央広場に来ると、広場であった場所に木々、雑草が伸びている（しかし福島の被災地に比べれば雑草は低く疎である）。プリピャチ市が先進都市であったことを物語るように、中央広場を囲うようにホテル、劇場とプールなどの複合施設、レストランとスーパーマーケットの建物が建っている。複合施設の裏には事故の5日後に開園予定だった遊園地があり、遊具や観覧車が残っている。遊ばれることのなかった観覧車は事故の象徴として映像作品などでしばしば描かれる。プリピャチの市街地を出て、すぐ近くの工場跡も見学した。ガイドによれば、テープレコーダー等の電気製品の他、密かにミサイル部品などもつくっていたという。

見学に際して特に手袋や靴カバー等は必要とされない。立入禁止区域から出る際に全身の線量を測るゲートを通過しなければならないが、あまり厳密な測定がされていないようにみえた。

東浩紀らはウクライナ側の立入禁止区域内を観光という観点からレポートしているが、筆者らが訪れたときには東らが訪れた２０１４年に比べ、検問前のトイレが新設されていたり、おみやげ売り場が設置されていたり、観光化がさらに進んでいることが見て取れ

写真 5-4　建設途中で放置された冷却塔
事故当時あと２つの発電施設を建設中だった。

た。一方、安全面については自己責任という印象を受けた。

検問通過後、原発から10キロ圏内に入るまでは車内の空間線量は毎時０・１マイクロシーベルト程度だった。原発作業員が夜間暮らしているチェルノブイリ市を過ぎると次第に線量が上がる。外を歩いたところでは概ね毎時０・３〜０・４マイクロシーベルトほどだが、道を外れると局所的に高いところがある。線量計で測った中で線量が最も高かったホットスポットは地上１メートルで毎時６マイクロシーベルトで、地面に近づければ毎時10マイクロシーベルトを超えた。

5　おわりに

現地で伺った話も立入禁止区域の風景も、とても端的にまとめられるようなものではないが、本章の最後に、日本の状況と対照しながらふりかえっておきたい。

日本においてもウクライナにおいても、原子力災害は多くの人びとに長期避難、あるいは不本意な移住を強いている。汚染は完全には取り除くことができないが、少しずつ線量は下がっていく。しかし人が住めない、住みにくい状況（放射線のリスクはあることはわかっているが、前向きなこともあれば後ろ向きなこともある諸々の事情を踏まえて住むことを選ぶ状況、そこに住むなんらかのメリットと引き換えに、放射線リスクと付き合い続けなければいけない状況）が他の災害とは比べられないほど長期に続く。

人びとの話からも、立入禁止区域の見学からも、避難区域と人びとの暮らしが切り離されて久しいことを痛切に感じた。チェルノブイリの事故は福島第一原発の事故よりも直後

写真 5-5　プリピャチの中央広場から見たレーニン大通り
背の高い木が増え、通り沿いの建物が見えなくなっている。

の放射線量が高く、とても帰るという選択ができなかったことも関係しているであろう（なかにはサマショールと呼ばれる立入禁止区域への自主帰還者もいるが）。30年以上経ち、現在生きている人びとにとっては、避難区域で暮らした記憶はかなり昔のものとなり、またその人生の大半を避難区域外で過ごしたことで、現在の暮らしと避難区域との繋がりは断絶され、どんどん薄れてきただろう。

その地での暮らしを記憶する人が減れば、チェルノブイリという地は、ウクライナの人びとにとっても他の国の人びとと同じく、廃炉と事故の跡の廃墟と汚染というだけの存在になってしまう。今回の訪問で痛感した、事故と汚染によって人命と暮らしが奪われたのだという被害の本質は、より伝わりづらくなるだろう。実際、立入禁止区域を訪れても、若いガイドの解説以外には以前の暮らしや現在の放射線量を知ることは難しく、前提知識や持参した線量計がなければ、単なる廃墟ツアーに近いものになってしまう。廃炉作業がつづき、また放射能汚染は今なお存在し、立入禁止は長く続く中、伝える工夫と引き続き長期の監視が一層必要になる。長期にわたる原子力災害への対応は、時間経過による変化への対応が担保されるような体制や制度であるべきなのだろう。

立入禁止区域の外のオヴルチ市では、地元の政治家と立ち話する瞬間があったが、汚染地域のカテゴリを下げて企業を呼び込みたいという想いを語っていた。汚染への対応（健康管理、放射性物質の管理）と、そこで暮らしたい人のための地域の発展の両立は、ウクライナでも日本でも課題である。日本では特に前者がないがしろにされている。

教育や医療機関の対応など、放射能汚染に対する社会の受け止め方がウクライナのほうが成熟しているように見える一方、インフラや一般の団地の暮らしぶりを見ると、現在のウクライナの国力の下ではチェルノブイリ法があっても十分な補償や支援ができていない状況にも合点がいった。

最後に、今回の訪問は非常に短く、今回お会いした方々は一部でしかなく、もっと深刻な状況があるかもしれないことは心に留めておきたい。

参考文献・資料

東浩紀編『チェルノブイリ・ダークツーリズム・ガイド　思想地図β vol. 4-1』ゲンロン、2013年

＊ガイドブックとしても有用だった。空間線量などは大きく変わっていない。

川野徳幸　今中哲二　竹内高明編「チェルノブイリ・旧プリピャチ住民へのインタビュー記録」『IPSHU研究報告シリーズ 研究報告』第46号、広島大学平和科学研究センター、2012年〈https://home.hiroshima-u.ac.jp/heiwa/Pub/46/ipshu-46.pdf〉

＊2009年、2010年にゼムリャキのメンバーへのインタビューを行った記録。

黒川祐次『物語ウクライナの歴史――ヨーロッパ最後の大国』中央公論新社、2002年

スヴェトラーナ・アレクシエーヴィッチ、松本妙子訳『チェルノブイリの祈り』岩波書店、1998年

馬場朝子　尾松亮『原発事故　国家はどう責任を負ったか／ウクライナとチェルノブイリ法』東洋書店新社、2016年

第6章　紀伊半島大水害、発生から7年

室﨑　千重

1　紀伊半島大水害と十津川村

台風12号により2011年8月31日から6日間降り続いた雨は、奈良・和歌山・三重の三県に河川氾濫・土砂崩れ等の甚大な被害を広域にもたらした（図6-1）。本章では、この紀伊半島大水害の被災地のひとつである奈良県吉野郡十津川村の復興から日常へのプロセスを通して、そのなかでのリスクと居住のデザインについて考えたい。

十津川村は奈良県最南端に位置し、東京23区よりも広い面積に1829世帯3472人（2017年3月時点）が暮らす。高齢化率は43・4％であり、過疎高齢化が着実に進む中山間地域である。

紀伊半島大水害による十津川村の被害は、死者7人行方不明者6人、全壊18棟半壊30棟である。村内の道路は土砂崩れ等により、いたるところで寸断し、2週間あまり孤立状態となった。

2　地域課題に向き合う契機、広大な村で集まって暮らす

過疎高齢化、村内での高齢者の居住継続の難しさ、集落の消滅、林業の衰退、仕事がないことによる若者の流出などの課題は、2011年の水害以前から存在するが、緩やかに進行する状況の中で行動を起こすのは難しい。水害による地域課題の顕在化は、いつか対応せねばならない課題に立ち向かう大きな契機となった。広大な村内に点在する集落に、生活サービス・交通アクセスを村が隅々まで提供することは財政的にかなわない。村内の一人暮らし高齢者は309人（2017年4月時点）と村民の約1割であり、居住継続を可能とする住環境整備は重要である。しかし、高齢者の自宅にヘルパー派遣をするにも片道移動に1時間以上かかる地域も多く、都市部のようなきめ細かな生活支援サービスは提供できない。村内唯一の特別養護老人ホーム「高森の郷」の定員39名は満室で、待機者も40名にのぼる。入居ができないため、少しの生活支援があれば自宅で住み続けられる高齢者も、村に住み続けたいと願いつつ村外の福祉施設や子世帯の元へ転出する実態があった。

点在するすべての集落を将来的に支え続けることは不可能であるため、村は芯となる安心拠点集落をつくり、村民がそこに徐々に集まることで、村内で暮らし続ける構想を描いた。被災者の生活再建も、被災集落やその近隣に新たな造成をするのではなく、安心拠点集落として選定された災害履歴が少ない2つの既存集落内に行われた。北部の谷瀬集落と南部の高森（猿飼）集落に復興公営住宅が建設され、被災者は被災集落と近い集落に居住している（図6-1）。

谷瀬と高森の二集落は、村の将来を見据えたモデル地域に位置づけられ、観光資源であ

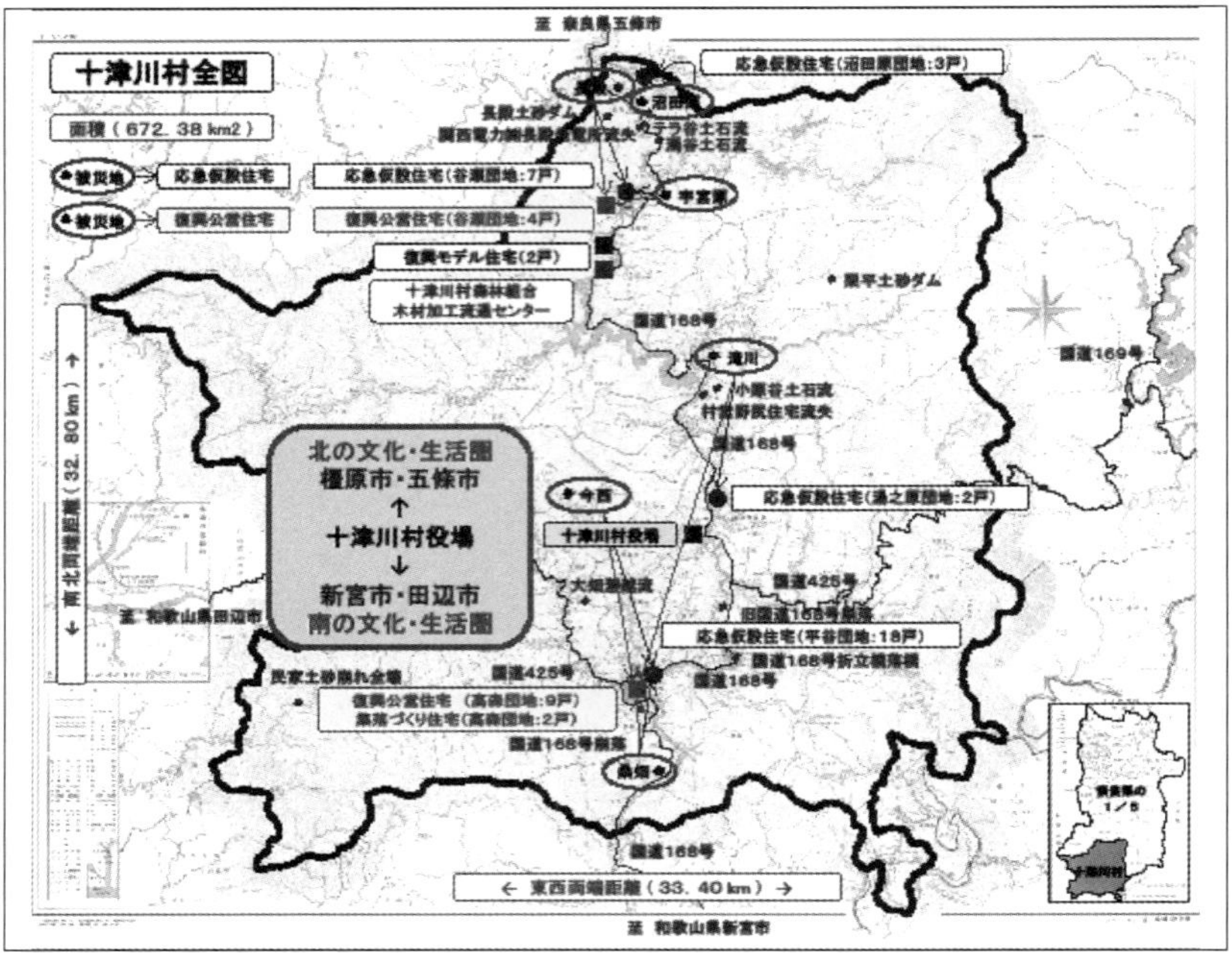

図 6-1　紀伊半島大水害の十津川村内の被害と復興（十津川村作成）

る谷瀬の吊り橋がある谷瀬集落は〝観光・生きがいづくり〟のモデル地域、村内唯一の特別養護老人ホームのある高森集落は、〝誰もが最期まで村で暮らせる〟福祉のモデル地域である。

3　村の材料と村の職人の手でつくる

応急仮設住宅は、村内4カ所に11棟計30戸建設された（図6―1）。十津川産木材を用いた地元の大工の手による木造応急仮設住宅である。この実現の背景には、同年に発生した東日本大震災をうけて、災害時には木造仮設を供給したいと村長が水害前から考えて動いていたこと、村からの要望を受けた奈良県の理解がある。県は、道路の寸断による資材運搬が困難との理由から、既定路線のプレハブ仮設ではなく、村内に十分なストックがある木材での仮設建設を認めた。条件として、プレハブ仮設と同等の1か月工期が提示され、奈良県により建設事業者として選定された村内の建築業者9社の共同体が工期内に建設した。この十津川産木材で、村の大工が建て

写真 6-1　平谷地区の応急木造仮設住宅の様子

る方式は、その後の復興公営住宅、村営住宅でも継続している。

4　十津川村らしい住まい・風景をつくる

自主再建が困難な被災者の公営住宅建設にあたり、十津川村として継承するべき伝統的な建築様式の調査が行われた。妻側の特徴的な意匠であるスバルノフキオロシや住宅まわりの石積み、住宅内の位牌置き場などの暮らし方も含め〝十津川にふさわしい住まいづくり25の手法〟としてまとめられ、復興モデル住宅、復興公営住宅のデザインに反映された。設計・工事監理は㈱アルセッド建築研究所が担当し、地元大工とのワークショップ等を通して、村の大工が施工できる設計がされた。十津川産木材は、杉が豊富なため杉の間伐材を多く使用している。

復興公営住宅の建設前に、復興モデル住宅が建てられた。被災者の自立再建住宅の参考として、復興公営住宅の参考として（工期、手順等の確認も含めて）、十津川らしい住宅を継承するモデルとして提示する等の役割をもつ。復興公営住宅は、前述した非被災集落に13棟13戸（谷瀬集落に4棟4戸・高森集落に9棟9戸）建設された（写真6-2）。建設のための大規模造成は、多大な費用・時間がかかること、村内の復旧工事に手いっぱいで造成できる業者がないこと、何よりも自然とともにある十津川らしい景観を失うため、もともとの住宅跡や耕作放棄地を活かした最低限度の小規模な敷地造成がなされた。小規模造成とすることで、土木業者に頼まなくても建築業者が施工可能となり工期短縮も実現している。

集落内に点在する復興公営住宅が、山に沿って建つ様子は、以前から建っていたかのよ

写真 6-2　高森集落の復興公営住宅

写真 6-3　高森のいえと畑の様子

うに風景に馴染んでいる。壁面・屋根の色合いは住宅ごとに少しずつ変えられていて家なみをつくる工夫がある。

復興公営住宅の建設時に、復興モデル住宅の間取りの一部は村の高齢者の暮らしの実態に配慮して見直された。ひとつは浴槽がひとまわり小さくなった。理由には、背の低い高齢者には溺れる心配があること、自宅は谷水と薪を使って風呂を沸かしていた人が多く、公営住宅での水道代・ガス代が年金暮らしの負担にならないようにとの配慮がある。もうひとつは、平屋建てタイプの和室が、1室から小さい2室の構成になった。高齢者の多くが、万年床であるため来客の際にはふすまを閉められる配慮である。

復興公営住宅に入居後の被災者の生活は、移転先の集落住民とも以前から顔見知りである場合もあり、過度な負担はなく暮らしている。被災集落の総代の仕事を継続している人、自宅が残る人は自宅にたまに戻るなど、被災集落との関係性を持ちながら生活再建がなされている。

5　ゆるやかな住み替え、よりどころとしての家

高齢者の居住継続の課題に対しては、水害前から福祉部局で対応が模索されていた。水害を契機に、「誰もが最期まで村で暮らす」ことができるモデルプロジェクト「高森のいえ」整備構想が2013年より動き出す。「高森のいえ」は高齢者施設ではなく、高齢者が二地域居住をしながら緩やかに住み替えることを想定した地域優良賃貸住宅（村営住宅）である。株式会社アルセッド建築研究所と安部良アトリエ一級建築士事務所の設計に

写真6-4　住戸前の雁木

写真6-5　内部（一定の家財が用意されている）

より2017年3月末完成し、2017年4月から入居が始まっている。全体は、高齢者向け住宅棟（一人世帯用6戸、二人世帯用2戸）と一般向け（子育て世帯用）住宅1戸の合計9戸の住宅と、ふれあい交流センター棟から構成される（写真6-3、写真6-4）。高森のいえの計画および戸数決定の過程では、福祉事務所が高齢者への聞き取り調査を実施し、当事者の希望と専門職の判断を踏まえた検討が行われ、建設前から入居者の顔が見えるきめ細かな計画が行われた。自宅を持ちながら緩やかに住み替える住宅という性格から、生活に必要な家財が二重に必要となる。村は独自予算で入居者が経済的負担を少なく入居できるよう、住宅内の照明器具、ダイニングテーブルと椅子、冷蔵庫、洗濯機、エアコンを貸与品として入居時より設置している（写真6-5）。敷地内に菜園があり、8世帯のうち4世帯が畑で野菜を育てる。居住者は互いに見守りあいながら生活する。子育て世帯向けの住戸が高森のいえに1戸組み込まれており、高齢者世帯と互いに見守りあうことと、高森のいえの共用部の掃除を仕事として請け負う。

入居者は全村から集まっており（図6-2）、出身集落が異なるため入居後のコミュニティ形成も兼ねて、週に1回のお茶会や月1回の昼食会が実施されている。高森集落の居住者が高森のいえの入居者とベンチに座っておしゃべりする光景が見られ、既存住民と入居者の関係性もつくられつつある。

自宅と高森のいえの行き来の実態は、日常的に二地域居住をするのは二人世帯用に入居の2組の夫婦世帯である。夫婦世帯の自宅は大水害で大きな被害を受けており、自宅周辺は今も大雨があると崩れる危険と背中合わせである。夫婦は雨が降る際や体調が悪い時には、数日単位で高森のいえで暮らしている。近い将来、車の運転が難しくなれば高森のい

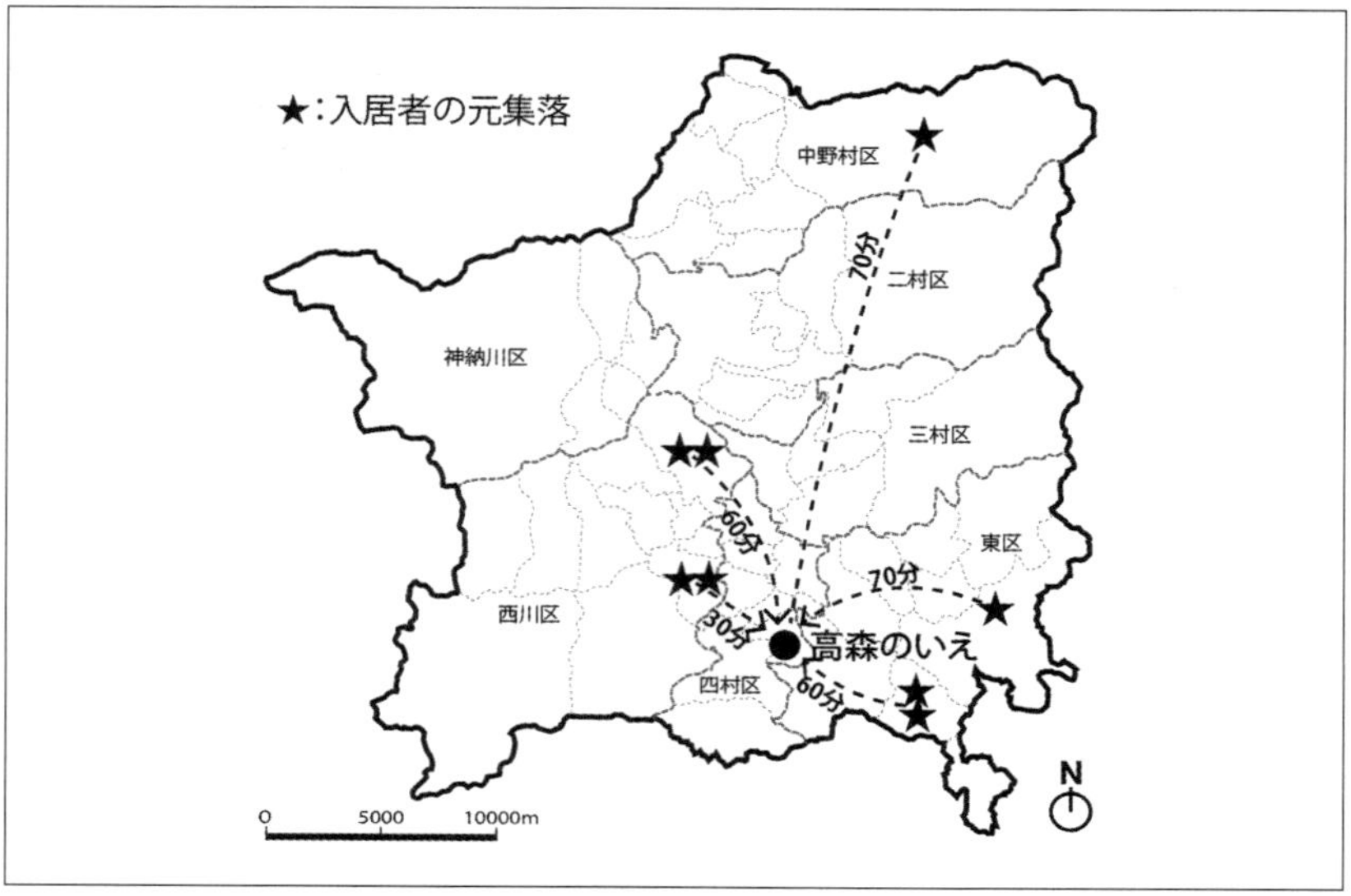

図 6-2　高森のいえの入居者の元集落のプロット図

えに生活の拠点を移す予定である。他の入居者は一人暮らしの女性高齢者が大半で、子世帯が来た時等に自宅に年に2、3回戻る人が多い。日常的な行き来はできなくとも、帰る家があることは精神的に大きな意味を持っていると感じられる。

ただ、村内の1カ所に全域から集まる現状では、高森のいえから自宅まで1時間以上かかるなど二地域居住も難しく、地域に暮らし続けているという感覚は薄くなる課題もある。村は村内の7行政区ごとに、高齢者が集まって暮らせる「いえ」を創ることを構想しており、現在は重里地区に2つ目の「いえ」づくりが動きだしている。

水害前は10世帯ほどだった高森集落は、復興公営住宅と高森のいえ等の建設により新たに20世帯が増加した。集まって暮らすことで始まった生活サービス機能に、特養の出張診療に来た医師が高森のいえのふれあい交流センター棟に寄って実施する出張診療（2017年11月より）がある。2018年春より、村内に新しく開業したスーパーが行う移動販売が週1回来るようになった。人口減少社会の日本において、自宅での暮らしを持ちながらも、緩やかに集まって暮らすことで、日常の生活サービス機能や交通をある程度維持しつつ暮らし続けることはひとつの選択肢といえる。

6　移住者の受け入れ、村出身者が戻れる住宅確保

村の将来を考えると、若い村民は不可欠である。近年、田舎暮らしを選択する若者もおり、移住者や村出身者のＵターンも期待される。世帯数減少により空き家は増加しているが、村の空き家バンクへの登録は少なく、居住用に提供できる住宅は不足している。村内の利便性のある場所に新築も容易ではなく、転入者用の住宅が必要とされていた。

災害救助法により建設した災害公営住宅は、建設後から当面は被災者以外の住宅として活用できない。村は通常の公営住宅としての建設を選択している。公営住宅建設後に入居を取りやめた当初からの空住戸および入居後の転出・死去等による空住戸は、一般の村営住宅として公募が行われ移住者等の若者世帯が入居している。前述の高森のいえも、現状は高齢者向け住宅であるが、将来的には若者世帯の住宅としての転用も意識されている。

7　そとの人も受け入れる新たな集落づくり

観光・生きがいづくりのモデル地区である谷瀬集落には、多数の観光客が訪れる谷瀬の吊り橋がある。水害以前は、観光客が集落内に入ることに住民は否定的であった。水害が今後の集落の行く末（このままではいつか消滅する）を考える契機となり、村を知ってもらうことで交流人口、そしていずれは移住者の増加を目指す実践が始まっている。住民のやる気を引き出したのは、モデル事業を進めるために外部から地域に入ったコーディネータの手腕が大きい。２０１３年頃から奈良女子大学と奈良県立大学の学生も関わり、住民と

地域優良賃貸住宅
高齢者世帯や障害者世帯、子育て世帯等の各地域における居住の安定に対して特に配慮が必要な世帯に対して安定して居住できる住宅の供給を図ることを目的とし建設された、民間が整備する公的賃貸住宅のこと。

災害救助法
１９４７年制定。災害が発生した際に、国が地方公共団体等及び国民の協力の下に応急的に必要な救助を行うことによって、被災者保護と社会秩序の保全を目的とする。

写真 6-6　ゆっくり散歩道のオープン

写真 6-7　KIRIDAS

共に村づくり活動の一部を担っている。谷瀬集落の新たな取り組みには集落内を散策して村の暮らしを知ってもらう〝ゆっくり散歩道〟、築100年以上の十津川民家を掃除・修理して開放した観光客の見学場所兼休憩場所〝こやすば〟、集落内で住民と学生が育てた酒米でつくる〝純米酒谷瀬〟などがある（写真6-6）。集落にとって異質な存在である学生を、当時の総代が受入れたことで、今では学生の存在は集落の活動の原動力のひとつになっている。谷瀬集落には水害後、5世帯が移住している。そとの人も受け入れるオープンな姿勢が、この変化を生んでいるように思う。

8　林業六次産業化、地域交流拠点の整備

林業六次産業化の取り組みも、水害後に動き始めた。復興公営住宅等への積極的な十津川産材の活用に加えて、木を用いた断熱材や家具等の商品化が取り組まれている。水害前と比べると木の出荷量は増加している。2017年4月には元製材所をリノベーションした家具展示ギャラリー兼ショップとしてKIRIDASがオープンしている（写真6-7）。木工家具職人として、元ふるさと復興協力隊の1名が独立、地域おこし協力隊として2名が村外から入って活動している。木工以外にも、地域おこし協力隊が配置されており、2018年4月にオープンした平谷地区地域交流センター〝いこら〟を拠点として、地域の人や観光客を対象とした居場所づくりを行う（写真6-8）。

写真 6-8　地域交流センター“いこら”

9　十津川村から学ぶリスクと居住のデザイン

人口減少・高齢化の進展により、十津川村と共通するリスクに直面する地域は増えるであろう。生活サービス機能・交通機能の維持のために集まって暮らす必要がある。被災しにくい土地への移住など、住み慣れた家・地域に住み続けることが難しい局面にあるとき、心のよりどころとしての自宅を維持しながら、別の場所のもうひとつの家に段階的に住み替えていく二地域居住は、苦渋の決断ではあるがひとつの解決策になるのではないだろうか。

引用資料

『奈良県十津川村「高森のいえ」整備構想』奈良県十津川村、平成29年4月

『平成24～25年度 奈良県十津川村復興モデル住宅建設事業』奈良県十津川村

第7章　広島豪雨災害、発生から4年

——持続可能なリスク・コミュニケーション

川﨑　梨江

1　はじめに　——8・20災害とは

2014年8月20日、広島市で集中豪雨による土砂災害が発生し、結果として災害関連死3名を含む77名もの生命が失われる大災害となった。(1)

海堀ら（2014）によると、8・20災害の被害拡大の素因は、大きく3点ある。(2)

1点目は、災害対応の困難な時間帯に災害が発生したことである。今回の8・20災害の場合、8月19日の18時まではほとんど先行降雨が見られず、猛烈な降雨が観測されたのは、19日の夜から20日の明け方にかけてであった。土石流は、3時30分、4時30分、5時30分の3回発災したという。広瀬（2004）は、災害が昼間起こった場合に比べて夜間に起こった場合の被害が拡大する理由を、大きく2つ挙げている。(3) 1つ目は、就寝中など無防備な状態に置かれるため、対応が遅れること。そして2つ目は、目で見たり、耳で音を聞いたり、揺れを感じたり、といった五官によって行われる災害発生の確認行動が難しくなることである。

2点目は、500年に1回という未曾有の降り方であったことである。広島市安佐北区

表7-1　人的被害

区	地区	死亡	重軽傷
安佐南区	八木	53	53
	緑井	16	
	山本	2	
安佐北区	三入	1	15
	可部・可部東	5	
	大林	0	
計		77	68

写真 7-1, 7-2　蛇王池の碑（地域住民撮影）

三入（気象庁）では、午前1時30分から3時間雨量２１７・５ミリを観測した。この3時間雨量は、当該観測所の最高記録であるだけでなく、過去の記録からしても特出して大きな値であった。

最後に3点目は、大都市の人家が密集する地域であったことである。過去の地形図の比較から、山麓部において宅地造成が徐々に進んできたことが確認されており、それによって土石流の流下・到達した範囲の土地利用形態が人的被害を拡大したものと考えられる。

2　8・20災害からみえてきた課題

8・20災害により露呈した課題は、2つある。

1つ目の課題は、リスク情報の周知の問題である。広島は、１９９９年6月29日にも、最大雨量81ミリを記録する大規模な土砂災害を経験している（以後「6・29災害」）。この6・29災害をきっかけに、発災の翌年である２０００年には土砂災害防止法が制定され、土砂災害警戒区域の指定・公開が義務付けられた。しかし、その情報は必ずしも公開されておらず、また公開されていたとしても、多くの住民には浸透していなかった。

2つ目の課題は、記録や教訓を持続的に語り継ぐ方法である。8・20災害において犠牲者が集中した安佐南区八木地区は、かねてより水害や土石流災害が多かった地域であり、かつてはそれに因んで「蛇落地悪谷《じゃらくじあしだに》」と呼ばれていた。また、同地域には蛇王伝説を語り継ぐための「蛇王池の碑」があり、今も変わらず残っている。

しかし、地名変更により地域の特性は忘れ去られ、碑もその存在自体を忘れられるか、

表 7-2　住宅被害

区	全壊	半壊	一部損壊	床上浸水	床下浸水
安佐南区	145	122	106	796	2278
安佐北区	33	95	73	286	784
西区	1	0	7	2	18
中区、安芸区、佐伯区	0	0	3	0	0
計	179	217	189	1084	3080

表 7-3　ライフライン被害

区分	発生箇所	被害状況
電気	安佐南区、安佐北区	6900 戸停電(ピーク時)
水道	安佐南区、安佐北区、西区	2662 戸断水(ピーク時)
下水道	安佐南区、安佐北区、西区	48 カ所被災
ＪＲ可部線	可部駅―横川駅	8/20 ― 9/31 運転見合わせ
ＪＲ芸備線	三次駅―広島駅	8/20 ― 8/21 運転見合わせ

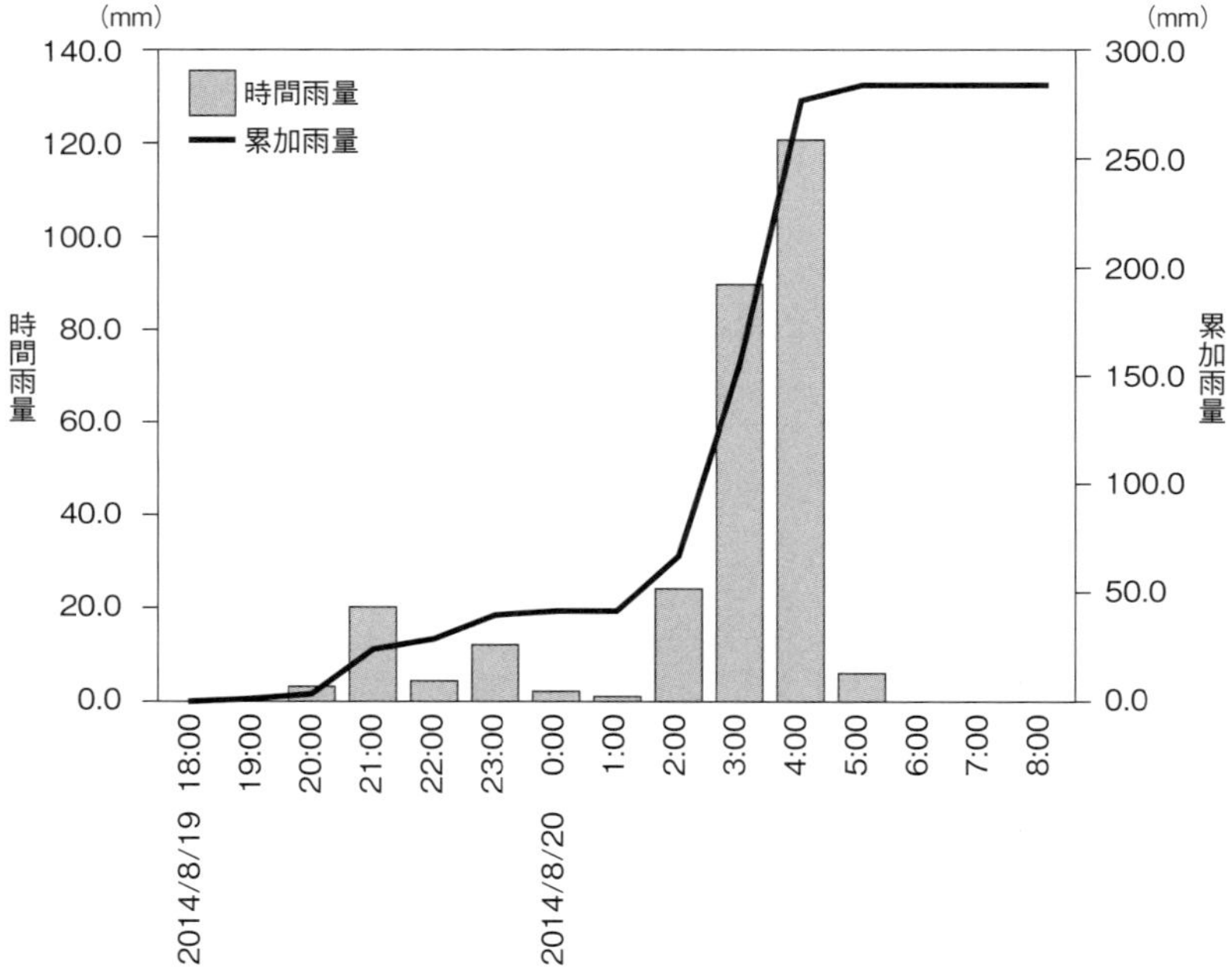

図 7-1　降雨の時間変化（安佐北区三入観測所）

知られてはいてもその謂れは受け継がれていなかった。代々その地域に暮らす人たちも、水害が多いという土地の特性を耳にしたことはあっても、防災にはつながらなかった。ここに、リスクを持続的に語り継ぐことの難しさが見て取れる。

ハザードマップ
自然災害による被害について予測するとともに、被害範囲や避難経路、避難場所などの情報を地図上に示すもの。

3　リスク認知とリスク・コミュニケーション

先の2つの課題は、いずれもリスク・コミュニケーションが成立していないことに問題がある。

リスク・コミュニケーションとは、「対象の持つリスクに関連する情報を、リスクに関係する人びと（ステークホルダー）に対して可能な限り開示し、たがいに共考することによって、解決に導く道筋を探す思想と技術」[4]などと定義される。しかし、そもそもリスク・コミュニケーションが始まるためには、その前段階として、市民がある物事をリスクとして認知する必要がある。図7-2は、楠見（２００６）が市民のリスク認知のプロセスについて説明したものを、筆者が整理しまとめたものである。[5]

楠見によると、①リスクの同定と②リスクイメージの形成には、マス・メディアによる報道頻度やその内容が影響するという。また施設においても、どこにどのようなリスクが存在するのかを認識させることと、そのリスクがどのようなものかをイメージさせることは、来館者に展示を見せるだけで可能となる。さらに言えば、被災者の語る被災体験は、自分がどこでどのような怖い体験をしたかという、主に①と②の内容であると考えられる。これらは、いずれも一方向的な情報提供である。

①リスクの同定：リスク存在の認識、楽観主義バイアス

↓

②リスクイメージの形成：恐怖イメージ、未知性のイメージ

↓

③リスクの推定：統計や理論による推定 v.s. ヒューリスティック――認知バイアス

↓

④リスクの評価：リスクの受容可能性、リスクと便益、ゼロリスク要求

↓

⑤リスクコントロール：行政への要求、リスク・コミュニケーション、学校での教育

図 7-2　市民のリスク認知のプロセス

①から⑤の番号はそれぞれ段階を示しており、市民は①から順番にプロセスを経てリスクを認知する。つまり、②までとまっていては、⑤のリスク・コミュニケーションには至らない。また、市民のリスク認知が③リスクの推定や④リスクの評価から始まることもあり得ない。たとえば、専門家が科学的に解明した知見をもとに算出した推定を公開し、起こり得るリスクを受け入れるべきか否かの評価を主観的に行い、一方的に提示したとしても、市民がまずそのリスクを自分事として認識する（think as your own issue）ための①と②の段階を経ていなければ、認知は実現しない。つまり、5段階目のリスク・コミュニケーションは、上記の4段階を経てはじめて可能になる。

そのために、まずはリスク・コミュニケーションの前提として、①から④までのプロセスをうまくつなげることが必要となる。すなわち、リスクに対する態度を、本能的・情緒的な反応にとどめず、科学的・論理的な解釈へとその理解を昇華していくことである。過去の災害の教訓を語り継ぐといった場合には、これがうまく機能していないと考えられる。

4　施設に着目する意義

加えて、③リスクの推定と④リスクの評価は個々人のコンテキストに依存するため、その結果が人によって大きく異なるという問題がある。一方向的な情報提供では、受け手がその情報を受容するか否かの判断までは干渉できない。リスク・コミュニケーションが、一方的な情報提供や説得に終始するものでなく、双方向的なコミュニケーションをその定

写真 7-3　モンドラゴン外装（筆者撮影）

義に含んでいる意味はここにある。すなわち、リスク認知における個々人のコンテキストによる相違を克服するためにこそ、関係者間のコミュニケーションが必要となる。そして、施設とは本来、異なる他者が同じ空間に集うことによる双方向性というポテンシャルを秘めたメディアである。ここに、リスク・コミュニケーションにおいて「集う場所としての施設」に着目する意義がある。

リスクというのは基本的にいつ発現するか予測が困難なものが多いため、その非日常に対して有効な対処を持続させるためには、単発的に「防災意識を高める」だけでなく、日常のなかにリスク・コミュニケーションを取り入れられるような仕組みをつくることが重要である。この点においても、いつも変わらず同じ場所に存在し、用途を必ずしも限定しない施設の有効性について検討する意義がある。

5　「復興交流館モンドラゴン」

8・20災害で最も被害の大きかった安佐南区八木地区に「復興交流館モンドラゴン」（以後、モンドラゴン）という施設がある。発災から約1年半後の2016年4月3日に、被災地の中心に開館した。被災住民らが集まり「住民同士の絆を深め〝こころ〟を復興し、次世代の減災のために、語り継ぐための拠点」として建設を始めた。資金ゼロからスタートしたが、行政からの補助金とともに、協同労働会員からの出資金や企業・団体などからの寄付や協賛、クラウドファンディングを活用してつくり上げた。畳約20畳程度のコンテナ型プレハブハウスで、運営はすべて被災地域の住民たちによって行われている。

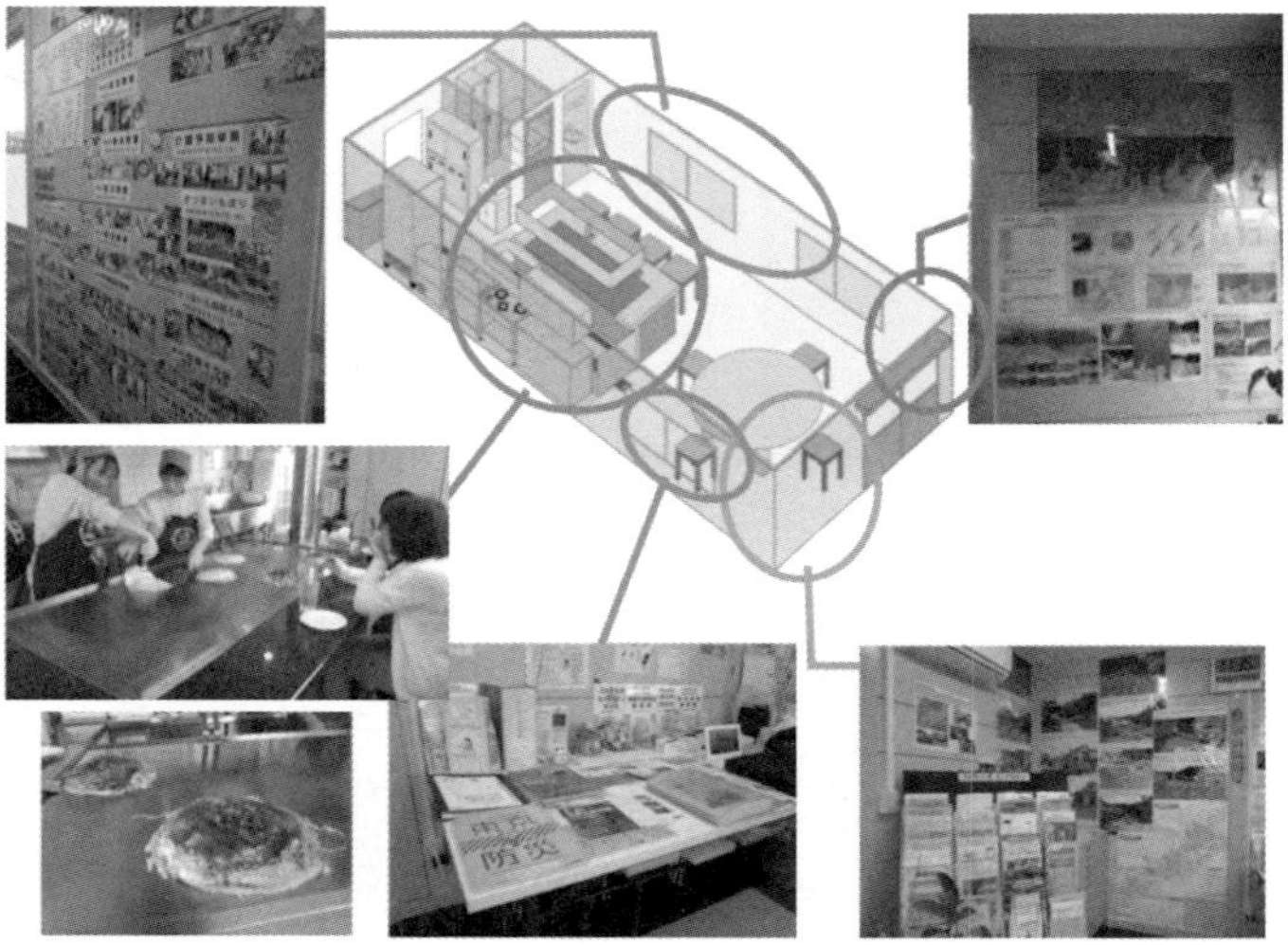

写真 7-4　モンドラゴン内装（筆者撮影・作成）

　モンドラゴンは、「復興」と「伝承」をテーマに掲げている。「復興」は、主に住民相互のコミュニケーションやコミュニティの再生を指す。被災したお年寄り（特に独居老人）は、自宅にひきこもる傾向がある。災害によるコミュニティ崩壊によって近所に話し相手がいなくなり、食料品の宅配サービスを利用していればなおさら外に出ない。そこで、そのような人びとに外に出てもらうための、新しいコミュニティの場として、モンドラゴンではお好み焼きをつくって安く提供するスペースを設けた。そのまま鉄板の上で食べることもでき、テイクアウトも可能。来館の敷居を低くすることで、結果的に地域住民だけでなく、多種多様な人びとも訪れる、地域交流の拠点となっている。

　「伝承」とは、災害の教訓を継承し、防災意識を啓蒙することだ。モンドラゴンでは定期的に、地域住民、特に高齢者と児童生徒を対象とした防災減災教室を開催している。さらに、8・20災害関連の各種資料の収集と保存・保管も行い、被災地外の人びとにとっての伝承施設にもなっている。実際に、県内外を問わず多くの人びとが、8・20災害について学びたいとモンドラゴンを訪れる。その際は、自身らも被災者であるモンドラゴンの畠堀秀春館長や松井憲事務局長が、8・20災害の詳細を解説している。

　災害を語り継ぐためだけの場所では、地域の人びとは集まらな

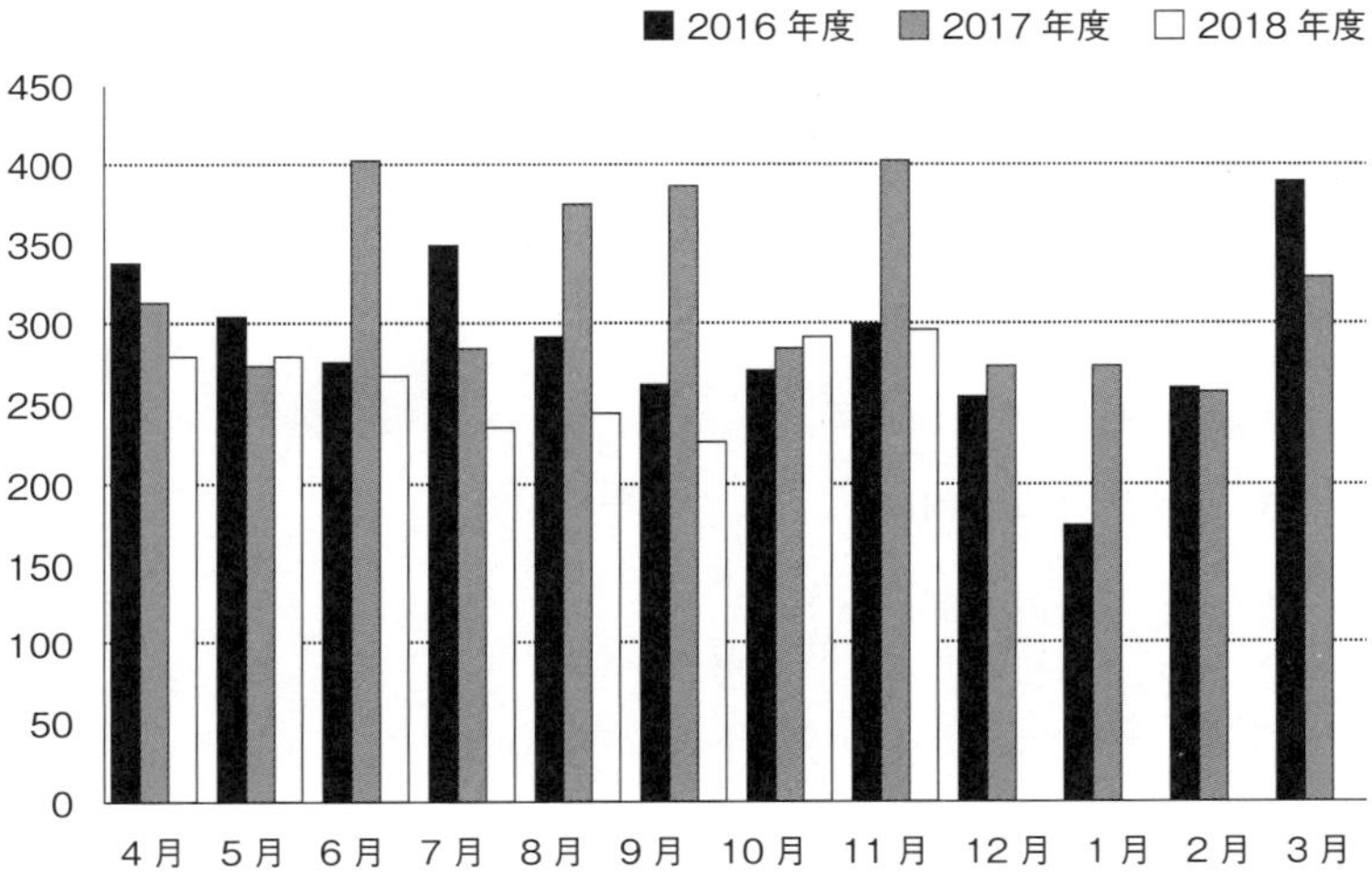

図7-2　年度別来館者数の推移

い。そこで、皆で一緒に食事をするという機能を、モンドラゴンは組み合わせた。お好み焼きの焼き手は、全員いわゆる被災者だが、普通の近所のお母さんたちで、店内の雰囲気はとても明るい。地域に常連客もおり、「いつものやつね」と注文し、その次には「工事の進み具合どう?」「最近ちょっと困ってることがあってね」と、復興の話をする。また、はじめての来館者であれば「大学生?」「どこから来たの?」といった、日常的なおしゃべりが始まる。それでも、災害当時のことを尋ねれば、それぞれの生々しい体験を語ってくれる。重苦しい空気にはならない。おいしいお好み焼きと、お母さんたちの明るさゆえなのだろう。

6　モンドラゴンの来館者分析

モンドラゴンには、多種多様な人びとが訪れる。以下に示すのは、開館（２０１６年４月３日）から２０１８年11月27日までの年度別来館者数の推移と、来館者の区分とその割合のグラフである。

２０１６年度は、開館して間もないためにモンドラゴンの認知度が低く、来館者が少なかったと推察されるが、それでも少しずつ認知度は高まっていったと考えられる。

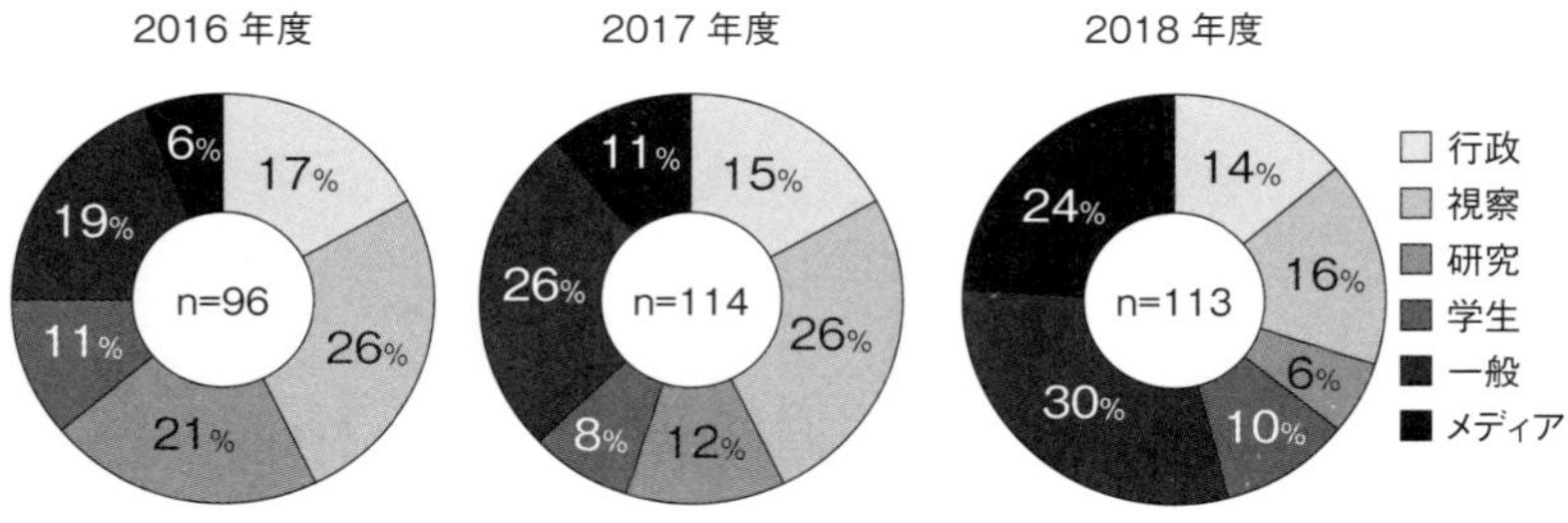

図 7-3　来館者の区分と割合

２０１７年度は、モンドラゴンの認知度が高まるとともに、２０１６年４月の熊本地震や２０１７年７月の九州北部豪雨を受けて、全国的に防災意識が高まったためと推察される。

しかし、２０１８年度は、２０１６年度よりもさらに来館者が減少している。これは、モンドラゴンに関心のある人がおおかた来館し終えたこと、あるいは８・20災害そのものへの関心が薄れてきたことが要因として推察される。また、７月から９月の来館者の落ち込みは、２０１８年６月28日から７月８月にわたって、西日本を中心に全国的に広い範囲で記録的な大雨となり甚大な被害をもたらした「平成30年７月豪雨」の影響が考えられる。しかし、現在は西日本豪雨の被災者たちが、被災者としての共感を求めるとともに、教訓を語り継ぎ寄り合うことのできる場所をつくりたいという前向きな思いとともにモンドラゴンを訪れている。実際に２０１８年10月からは再び増加傾向にあり、今後も徐々に増えていくと予想される。

つぎに、それぞれの年度における各区分の割合や年度ごとの変遷を分析する（図７-３）。

図７-３で「行政」とは、県知事や市長、県の土木整備局や区役所の復興まちづくり課、国交省中国整備局など、広島県内の行政部局である。行政は、年度ごとの割合の変化はあまりない。実際、災害復興チームなどは度々訪れており、８・20災害そのものについて学ぶだけでなく、その後の復興の事例や教訓などを政策に活かそうとしているものと考えられる。

「視察」とは、他府県の首長、議員や官公庁職員などや、他県の被災地や災害伝承施設からの団体や人びとを指す。他県からは、阪神淡路大震災記念人と防災未来センターの職員や、東日本大震災で被災した小学校の校長先生などが来館している。一見減少しているように思われるが、「平成30年7月豪雨」以降は、県内の議員の視察が増えたという。12月以降も引き続きこの「視察」の割合が増していくのではと考えられる。

「研究」とは、県内外の大学の研究者である。２０１６年度が最も多く、行政以上の割合を占めている。研究者においては、モンドラゴンを「8・20災害を知るための拠点」として、早い段階から認識していたと考えられる。

「学生」は、高校生から大学生、大学院生が含まれる。大半が上記の研究者の引率のもとモンドラゴンを訪れ、8・20災害の概要を学び、被災者の語りを聞き、お好み焼きを食べて帰る、というのが一連の流れである。

「一般」とは、他地域の自主防災会や消防団、民生委員などの利用である。その割合は着実に増えており、モンドラゴンを「防災を学ぶ場所」と認識していることが見てとれる。

「メディア」とは、新聞やテレビ、ラジオなどである。8・20災害当時の様子、各々の被災体験、住民主体の復興、そしてモンドラゴン設立の経緯や運営状況なども多く取材されている。割合が増えているのは、8・20災害後の他の発災に関連した取材が増えたためと思われる。

7　8・20災害から4年　――モンドラゴンの新たな取り組み

２０１４年8月20日の発災から約4年、２０１６年4月3日のモンドラゴン開設からは約2年半が過ぎた。これまでの活動で、こころの「復興」としての活動は地域に定着し、軌道に乗った。また「伝承」についても、恒久的な施設の建設の目処が立った（（３）復興まちづくりプランにて詳述）。そこでモンドラゴンは今、復興の次の段階である「防災」の取り組みを始めている。

（1）古資料の電子化

まず、過去に各地で起きた災害の古い資料を、傷みや紛失の心配がない状態で保存し、今後の防災教育に活かすべく、電子化する作業を開始した。最初に電子化したのは、１９８８年7月に広島県北西部の戸河内・加計地区で発生した土砂災害後に発行された、被災者の証言集である。続いて、１９２６年の豪雨災害や、１９５１年のルース台風の書籍の電子化も行っている。

（2）防災映画の上映

防災啓発ドキュメンタリー映画「いつか君の花明かりには」（通称「いつはな」）に、8・20災害の被災地も撮影場所になっており、モンドラゴンは広島での上映を共催している。

防災映画というと、災害の恐怖を印象づけるものが多い。しかし「いつはな」は、被災地で防災を訴える被災者を被写体とした作品であり、災害の現象そのものを見るよりも訴求力がある。なぜなら、被災の体験がない人びとにとっては、どんなにリアルな映像でも、災害を自分の問題として捉えることは難しい。しかし、すでに災害を体験した人たちが、自身の被災体験から防災を訴えるときには、自分も彼ら（被災者）であったかもしれないという想像力が働くからである。詳しくは公式サイトを参照されたい。(6)

（3）復興まちづくりプランの提出　――恒久的な拠点施設の設置へ

広島市安佐南区梅林学区の住民で構成される「復興まちづくり協議会」が、48項目の取り組みを提言する復興まちづくりプランを完成させ、２０１８年1月25日に広島市長に提出した。そのなかには、先に述べた恒久的な施設の建設も含まれている。新たな災害伝承施設は、「防災・災害伝承・交流・慰霊の拠点施設」とされている。この施設の背景には、復興がすすむにつれ、人びとのなかから被災時の記憶や次の災害への危機感が希薄化しているという問題がある。そこで、安全・安心なまちづくりにおいては、8・20災害の記憶や教訓を次の世代に伝承していくことが重要であると説き、その役割を担うものとして、施設の建設が求められた。なお、現在は梅林学区社会福祉協議会の復興まちづくり協議会 専門部会のコミュニティ部会が検討・協議中である。

8　考察

以上のことから、モンドラゴンが地域住民や外部からの来館者の集う場所になっており、持続可能なリスク・コミュニケーションにおいて有効な役割を果たしていると考えられる。マス・メディアはリスクの存在を提示するが、そこから生じる不安や恐怖のイメージへの対処、すなわちその次の段階を個々人に考えさせるような、持続的なリスク・コミュニケーションとしては課題がある。石碑による記録や被災者の語りも、単独では記憶の風化を避けられない。よって、異なる他者との双方向的なコミュニケーションを可能にする「集う場所としての施設」が、リスク・コミュニケーションにおいて重要な役割を果たすと考えられる。

参考文献

（１）土木学会（２０１５）『平成26年8月広島豪雨災害調査報告書』
（２）海堀正博ら（２０１４）「２０１４年に広島市で発生した集中豪雨に伴う土砂災害」『砂防学会誌』67巻4号、49―59頁
（３）広瀬弘忠（２００４）『人はなぜ逃げおくれるのか――災害の心理学』集英社新書
（４）木下冨雄（２０１６）『リスク・コミュニケーションの思想と技術――共考と信頼の技法』ナカニシヤ出版
（５）楠見孝（２００６）「市民のリスク認知」日本リスク研究学会『増補改訂版　リスク学事典』阪急コミュニケーションズ
（６）防災啓発ドキュメンタリー映画「いつか君の花明かりには」公式サイト〈http://itsuhana.ifdef.jp/〉

第8章　熊本地震、発生から3年

荒木　裕子

1　熊本地震――発生から3年

今は解体されてしまったが、2016年4月の熊本地震で被災した益城町の旧町役場の3階から南のほうを望むと、役場の立地する市街地越しに、益城町の中央部を占める水田、その際に連なる集落、さらにその背後には御船町との境となる船野山、飯田山、朝来山といった里山が見えた。地震から2カ月後の6月のある大雨の翌日に役場の3階から外を見ると、木山川を中心とする低地部の水田一面が湖のようになっている。よく見ると水に囲まれ孤立している建物もある。

役場の職員に話を聞いてみると、地震の被害から仮復旧した堤防が切れ、一面浸水したようだ。孤立している家には消防職員がボートを出して迎えに行っている。しかし家族のうち数名は敷地内に保存している米があるためこのまま留まるとのことであった。浸水した一帯は、「一度水がついてから」田植えしろと言われているとのことで、もともと水が出やすいことが知られていたのがわかる。しかし町の真ん中は浸水し、浸水していない周囲も地震で被害が出ているという、自然の容赦のなさを見せつける惨憺たる光景であっ

益城町
熊本県中部に位置する。熊本地震で大きな被害が発生した。

土地区画整理事業
土地の区画・形質の変更により公共施設を新設変更する事。災害からの復興に際して復興土地区画整理事業が行われることがある。

た。それでも浸水で孤立している敷地に住民が留まることを決めたのは、優先すべきことが明確で浸水もそれ以上ひどくならないという見通しがあったからだろう。しかし何を選択すべきか未確定で、選択の結果が不確実であればあるほど判断は容易ではない。

2　ゆらぐ、町のすがた

益城町の中心部で地震後に再開した写真店に一枚の写真が掲げられている。かつての益城町中心部の様子を写したものだが、今では想像もできないほど人で溢れかえっている。益城町は熊本市中心部と阿蘇を結ぶ街道の中継地点であり、現在のように自家用車が主流になる前は周辺の地域拠点であった。その後隣接する熊本市の市街化の拡大に伴い、住宅開発がまだらに進み、人口も増えた。県の熊本都市計画区域で見れば、益城町は熊本中心部の周辺にあたる。益城町としての中心性は熊本都市圏の拡大に飲まれる形で徐々に弱まっていた。

熊本市から県道高森線で益城町に入ると、その入り口を越えたあたりで車線、歩道ともに狭くなる。以前からこの道路の拡幅の話はあったが、地震によって沿線の建物に被害が出たことにより一気に道路を27メートルに拡幅するという話が2016年夏頃から県によって進められた。沿道の安全性、緊急道路の確保、渋滞の解消と、道路問題としての理由はいくつもあった。また住民の中には隣接する菊陽町、大津町のバイパス沿いには郊外型店舗が並び、周辺の自治体の開発が進む中、益城町は取り残されるといった話や、道路を整備して大型商業店舗を誘致してはどうかといった町の開発と結びつけて考える話も聞かれた。

一方で落ち着きのある街並みやコンパクトな市街地、秋津川周辺の親水性、農地を含め周辺の自然環境の豊かさなどに暮らしやすさを感じている住民もいた。道路が拡幅されることによる通過交通の増大、県道を挟んだ町の分断への懸念から反対の動きも起きた。もちろん沿道の居住者や事業者らの移転や再建の遅れの課題もあった。これら個別の利害対立に加えて、町の将来像が住民によって異なっており、それをすり合わせる機会がつくれなかった。一人の中でさえ、道路を整備して発展を目指すべきなのか、被災前の落ち着いた暮らしを目指すべきなのかゆれ動いてた。

発災後に建設や土木部局の職員は膨大な仕事に忙殺される。役場内の関係者でさえ、復旧事業に加えてこんな大事業が本当に可能なのかといった顔も見られたが、気づけば県道拡幅は規定路線となり、２０１７年1月の都市計画審議会を経て同2月に県道拡幅は都市計画決定された。

3　現在の問題と地域の将来像の連続性

益城町では地震が起きる以前から中心部の人口が増える一方で、里山や里山のすそ野に連なる集落部の人口は減少していた。被災前から役場としても集落部に宅地を用意し、子育て世帯への補助金を用意するなど若い世代の誘致に力を入れ始めていた、そんな中での地震でもあった。集落内も地震で大きな被害を被ったが、特に春先の農作業を継続する必要もあり、軒先避難が住民同士による支援で行われていた。暮らしの継続の先には集落の再建がある。地域内の繋がりを活かしながら外部からの支援も呼び込み、集落の今後について議論していった。

一方の市街地では議論のタイミングの難しさもあった。2016年夏頃から町役場は復興計画の策定に向けて住民と懇話会を設けていた。懇話会では住民から県道の拡幅を行って都市化を進めるべきとの声もあった。しかし懇話会が開かれ始めたのは仮設住宅への入居が始まった頃で、住民の関心は被災した家屋の撤去に関すること、崩壊した宅地の造成への支援といった、被災した家屋と住宅再建に集中していた。また、梅雨は過ぎたが台風襲来の恐れもあり低地部の浸水への不安もあった。そもそも二度も震度7の地震に襲われ余震も続いたことから、この場所に住まいを再建しても再び壊れてしまうのではないかといった、断層の近傍に住み続ける不確実性に加えて、安全に住むことが技術的に可能だとしても、そのための費用が用意できるのかといった二重の不安が住民にはあった。

このような状態の中、県道の拡幅問題に加えて木山地区中心部の区画整理の議論が加わる。益城町は2016年の12月に町の復興計画を策定し、2017年4月頃から区画整理事業の事前説明会を始めている。対象地区内には狭隘道路があり、住宅を再建するには接道要件を満たさない敷地があった。また宅地が大きく壊れている区域もあり、それらの造成手法として区画整理事業の検討がされていた。しかしすでに住宅を修理・再建していた住民がいることや、事業によって敷地の減歩が発生すること、事業完了までに時間がかかることに加え、特に区画整理事業という馴染みのない事業のわかりづらさが住民をより一層不安に、また判断させづらくしていた。

町役場は懇談会や説明会を開くとともに、住民によるまちづくり協議会の立ち上げを推進・支援していった。こうした取り組みの中で、住民の中にも事業をやるからにはより良いものを、また出来るだけ早くの事業完了を目指すといった気持ちも出てきた。ただ住民の中には、県道も区画整理も気がついたらやることに決まっていた、という声もあった。「気づいたら決まっていた」というのは、県道拡幅も区画整理もその検討過程が制度的に閉じているわけではない。しかし制度や検討プロセスがわかりづらく、しかも事業をするのかしないのか検討が行われていた頃、住民はより身近で現実的な不安に陥っていた。現在の問題と地域の将来像は、本来は連続するはずだが、現在の問題解決の見通しが立つまで一緒に議論することは容易ではなかった。

4　理解しているか、賛成しているか

もっとも、事業がいつ決まったのかわからない住民も、区画整理事業については「決まらない」という場面に居合わせることになった。発災から1年、余震も落ち着き、被災した家屋の解体が進み、関係機関による地盤調査と対応策の提示も行われ、地震に対する住宅再建の不安感は徐々に取り除かれていった。町役場は区画整理事業の説明会や意向調査を進め、当該地区の区画整理事業を都市計画決定するために、２０１７年12月に町の都市計画審議会に掛けた。これが否決されたのだ。

当日の議事録が公開されており、事業期間が長引く可能性があることに加え、対象地区の住民が事業のことを理解しているのか、また賛同しているのかということが要点であったことが読み取れる。委員からは住民の意向把握が十分ではなく、役場側が個別訪問で説

明して意向調査をすべきとの意見も上がった。これに対し役場は懇話会を繰り返し行っており、地権者410名の過半数が事業に賛同していること、また事業決定の遅れは事業開始が遅れ、住民の生活再建の遅れに結びつく恐れがあることを述べている。結局、再度討議を求める委員らに対し事務局は採決を求め、結果反対多数で否決された。

否決に対する反響は大きかった。委員への批判も寄せられ、事業の遅れを住民らも危惧した。益城町の都市計画審議会の委員は、大学教員などのいわゆる有識者ではなく、町議会各委員会の委員長や、商工会や区長会、婦人会などの町内組織の代表者で構成されている。都市計画や都市経営としての側面ではなく、住民が納得しているのか、そのためのプロセスは取られているか、という確認を迫ったとも言える。どのように綿密に練られた計画であっても、それが成功するかどうかは不確実性を含んでいる。何より住民が事業の実行に前向きに参加しなければ、事業自体が長引きとん挫しかねない。後日、委員の一人に話を聞いたが、住民の賛同が得られているのかわからないものを判断できないと話していた。

都市計画決定が否決された後、役場関係者は対象地区内の個別訪問を行い、制度の説明や意向調査を行っている。これにより地権者410名のうち、約9割の意向を確認し、約8割の賛同を得た。この結果を踏まえ、2018年3月の都市計画審議会で区画整理事業は可決された。

益城町の安定した日常は被災により突然不確実なものになった、或いは不確実であったことに気づくことになった。発災から3年、復興というプロセスの中で、再び日常を取り戻すことに葛藤している。

２０１８年の9月、益城町の市街地を西から東へ歩く。木山川の支流で市街地と農地を隔てる秋津川の堤防は未だ工事中だ。地震で地盤が沈んだため鉄砂川が合流するあたりは大雨が降ると浸水する。そのため、排水用のポンプが新たに設置されている。復興はおろか被災さえ終わっていないのだ。それでもこんな場所で、とも思うが、子供たちが二人、釣り竿を持って黒いトン袋越しに川をのぞき込んでいる。ずいぶん建物も建て替わっている。戻ってこれない人もいるが、いずれも日常を取り戻すと決めた人たちだ。

参考文献

熊本県『第１５０回熊本県都市計画審議会議事録』２０１７年1月
益城町『復興計画』２０１６年12月
益城町『益城町復興計画策定に向けた住民意見交換会』２０１６年
益城町『平成29年度第３回益城町都市計画審議会議事録』２０１７年12月
益城町『平成29年度第４回益城町都市計画審議会議事録』２０１８年３月

第９章　西日本豪雨災害、発生から半年

小川　知弘

１　はじめに

２０１８年は日本においてさまざまな自然災害が多発した年であった。特に６月から９月にかけては、６月18日の大阪北部地震、６月28日から７月８日にかけての西日本豪雨（平成30年７月豪雨）、９月４日に日本に上陸した平成30年台風21号、９月６日の北海道胆振東部地震と大きな被害が発生する自然災害が続いた。なかでも、西日本豪雨は死者・行方不明者が11府県にわたり２３２人にのぼり、豪雨災害による死者・行方不明者数が平成年間で最大（豪雨災害による死者・行方不明者数が２００人を超えたのは１９８２（昭和57）年の長崎大水害以来）となっている。住宅の被害は家屋の全半壊等が２万６６３棟、家屋の浸水が２万９７６６棟となっており、被害総額も国土交通省が２０１８年９月に公表した速報値[1]で約１兆９４０億円、内閣府所属のエコノミストが２０１８年12月に公表した推計値[2]では最大で１兆７０００億円の直接被害となっており、いずれにしても水害によるものとしては過去最大規模になったのではないかと推測されている。本稿では、西日本豪雨発生から約半年が経過した時点における、西日本豪雨の被害や復旧・復興状況と明らかと

大阪北部地震

大阪府北部を震源としたマグニチュード６・１、最大震度６弱の地震。ブロック塀の倒壊による死者１名。大阪府北部の人口密集地域で発生し、住宅の被害やインフラへの被害が大きかった。

平成30年台風21号

各地で強風による被害が発生。また、大阪湾沿岸では高潮による被害が発生し、関西国際空港において大規模な浸水被害が発生するなどした。

北海道胆振東部地震
北海道胆振地方東部を震源としたマグニチュード6・7、最大震度7の地震。死者41名。

なった課題について触れていく。

2　西日本豪雨の経過と被害

西日本豪雨は、2018年6月28日から7月8日にかけて、梅雨前線や台風7号の影響によって西日本を中心とした広範囲で発生した豪雨のことをいう。この期間の西日本各地における総降水量は、多いところで四国地方では1800ミリ、東海地方では1200ミリを超えるところがみられるなど平年を大きく上回る大雨となったところが多かった。特に、7月6日から7月8日にかけては愛知県以西の11府県において大雨特別警報が発表されるなど記録的な大雨となり、河川の氾濫・洪水や内水氾濫、ため池の決壊、土砂崩れ、土石流、崖崩れ、地すべりなどの大雨が発生の要因となった災害が各地で発生した。

西日本豪雨における河川の氾濫被害としては、国が管理する河川に限定しても26水系50河川で氾濫危険水位を超過しており、河川の決壊は国管理河川の高梁川水系小田川で2か所、都道府県管理河川では広島県管理河川の沼田川や本郷川、賀茂川などにおいて12か所、岡山県管理河川では旭川などにおいて10か所が決壊するなどしており、各地で甚大な浸水被害が発生した。特に、岡山県倉敷市真備町では高梁川と小田川の合流地点手前で小田川の堤防が決壊したことから広範囲に浸水被害が発生している。また、長期間にわたる大量の降雨は、多くのダムの水位を上昇させ、貯水量を超えそうになったダムの中には緊急放流（異常洪水時防災操作）が行われたところもみられた。緊急放流が行われたダムのうち、愛媛県を流れる肱川の野村ダムでは緊急放流の結果として西予市において広い範囲の浸水被害が発生し死者5名の被害となり、鹿野川ダムにおいても緊急放流が行われた結果として大洲市において肱川の氾濫が発生し死者4名の被害となっている。

内水氾濫についても19都道府県88市町村で発生しており、岡山県岡山市や福岡県久留米市、広島県福山市では1000戸以上の床下・床上浸水被害が発生している。特に岡山市では床上浸水が1687戸、床下浸水が3728戸となっており、市内で5000戸以上の内水氾濫による浸水被害が発生している。

西日本豪雨では、土砂災害による被害も広島県や愛媛県を中心に西日本各地で多数発生している。具体的には、土石流等、がけ崩れ、地滑り、天然ダムとさまざまな形で発災している。特に土石流による被害のなかには、広島県坂町小屋浦地区で死者15名、広島県熊野町川角で死者12名と大きな被害が発生するなどしており、平成における土砂災害の発生件数・死者数はいずれも最大となったことが明らかとなっている。(3)

広範な土砂崩れや崖崩れ、河川の氾濫は、交通網へも多大な被害をもたらした。西日本豪雨の発災直後には、鉄道・高速道路ともに中国地方・四国地方・九州地方を中心に広域で不通となった。その後復旧は迅速に進められたものの、鉄道ではＪＲ山陽本線が広島県の三原駅と海田市駅の間や山口県の岩国駅と徳山駅の間で、ＪＲ呉線が全線で1か月以上不通となり、広島呉道路も2か月以上不通となるなど、流動の大きな鉄道路線や道路においても大規模な交通の寸断が発生した。

農業や企業活動への被害も大きくなっている。農作物等への被害は2万ヘクタール以上、農地の破損が2万5000箇所以上となっており、ミカン畑の土砂崩れや農業用ため池の決壊などのほか、山間部の林野関係の被害も大きく、農林水産分野の被害総額は

2500億円を超えている。企業活動への影響では、広島県三原市に大手飲料会社の工場で浸水被害によって操業を停止するなどの直接被害が発生した例も多くみられたほか、サプライチェーンの寸断を背景に操業停止や減産などの被害が発生した企業も自動車産業や食料品産業などを中心にみられた。

3　西日本豪雨において明らかとなった主な課題点等

西日本豪雨の水害や土砂災害の発生地点については、多くの場合に行政等が作成したハザードマップにおいて危険が指摘されていた地域と一致している点は指摘されており、「想定外」の災害ではなく「想定されていた」災害が現実に起こってしまった形の災害であると言うことはできるだろう。

たとえば、甚大な浸水被害が発生した倉敷市真備町では、平成29年8月に公表されたハザードマップによる想定浸水域と西日本豪雨による浸水範囲がほぼ一致していることは、国土交通省の資料からも明らかである。そして、浸水の原因となった小田川についても、古くから改修計画などがあったものの、予算の問題や政治的対立などを背景に先延ばしされていたことも明らかになっている。(4)

一方、近年の集中豪雨の増加や集中豪雨の際の降水量の増加によって問題化してきている点として、降水量や流入量が想定を超えたダムにおける放流の扱いが指摘できる。西日本豪雨においては、ダムの緊急放流が6県の8つのダムで行われたが、このうち、愛媛県の肱川では野村ダムと鹿野川ダムからの緊急放流の情報が下流域に正確に伝わらなかったことなどが問題となり、集中豪雨時における情報伝達の重要性と難しさが浮き彫りとなっている。

西日本豪雨においては、広範囲に避難指示が出されたが、実際に避難した人は対象者のうちわずかであったという指摘もなされている。避難率の低さについては、各種の調査でも明らかとなってきている。共同通信が発災から約２か月の２０１８年９月に被災市町村を対象に行った調査で避難率が４・６％という低い数字となっており、広島市が避難指示対象地域の住民を対象としたアンケートでも、約７割が避難しておらず、避難しなかった人の約半数が「被害に遭うとは思わなかった」と回答したことも明らかとなっている。

交通網の寸断は、西日本豪雨においては長期化したことのほかに、関西以東と九州を結ぶ物流網の寸断に直結した点が特徴的であった。たとえばＪＲ貨物では輸送量の約33％[5]がＪＲ山陽本線などの不通によって運転中止となっており、高速道路や国道の寸断も相まってサプライチェーンに支障をきたすこととなった。

4　西日本豪雨被災地の復旧と復興へ向けた動き

西日本豪雨の被災地に対して、内閣府は豪雨災害としては初めて特定非常災害に指定しており、被災者の権利保全を図っている。また、西日本豪雨は激甚災害にも指定されている。

７月の西日本豪雨発災直後の時点では、避難者数は全国で最大４万２０００人となっていた。避難所については復旧や仮設住宅の建設、みなし仮設住宅への入居などが進行した

サプライチェーン
ある製品について、原材料の段階から生産され、消費者に至るまでの一連のプロセスのこと。

特定非常災害
死者・行方不明者などが多数発生したり、多数の住宅が倒壊したり、ライフラインの広範囲にわたる途絶がみられたりするなどの条件を満たした、著しく異常で激甚な非常災害のこと。１９９６年に制定された特定非常災害特別措置法に基づく指定による。

激甚災害
地震や台風による激しい災害で、被災地域や被災者に対して財政援助などが特に必要な場合に指定される。１９６２年制定の激甚災害法に基づく指定による。

ことによって、12月にはすべての避難所が閉鎖されている。

被災地では、全壊住宅に居住していた被災者などを対象に仮設住宅が建設されている。特徴的な仮設住宅としては、倉敷市真備町においてはプレハブ住宅以外に木造住宅やトレーラーハウスの仮設住宅[6]が提供されている点が挙げられる。また、仮設住宅は建設型よりも借り上げ型（みなし仮設）[7]が圧倒的に多いという点も、阪神大震災や東日本大震災などとは大きく異なっている点として指摘することができる。

被災地における復旧・復興計画の策定は、広島県が9月11日に復旧・復興計画を策定しており比較的早い対応となった一方、愛媛県大洲市では暫定版の復興計画を12月に公表、倉敷市真備町では11月に入って復興計画策定委員会が発足するなど、被災地域によってスピードに大きな差がみられている。

被災地においては、工場の撤退やスーパー等の閉店が発生している地域もみられる。工場の撤退は地域の働き口が減ることに直結し、被災地の人口流出へとつながることになる。また、被災地におけるスーパーやコンビニエンスストアなどの商業施設の撤退は、居住者が日常生活を営むことを難しくする場合もあり、復興へ向けた課題点となる場合も考えられる。

5　今後の豪雨災害への教訓

西日本豪雨は、今後も発生するであろう豪雨災害に対して、さまざまな教訓を明らかにしている。早めの避難や正確な情報の取得の重要性、ハザードマップの内容について周知することの必要性などソフト面からの被害の軽減へ向けた取り組みはもちろんのこと、ハード面においても想定されている被害を軽減するための取り組みを漸進的かつ確実に進めていくことが、将来の豪雨災害における被害を軽減することに確実につながることへの理解を深めることも必要であるといえるだろう。

注

（1）内閣府による推計。参考文献（1）参照。

（2）出典〈https://www5.cao.go.jp/keizai3/discussion-paper/dp184.pdf〉２０１８年12月20日閲覧。

（3）〈http://www.mlit.go.jp/river/sabo/jirei/h30dosha/H30_07gouu_gaiyou1807311800.pdf〉

（4）２０１８年秋から小田川の抜本的な改修工事が行われる予定となっていたが、それ以前に豪雨災害が発生してしまった。

（5）国土交通省資料による。

（6）トレーラーハウス型仮設住宅を開発した事業者は、「モバイル型」仮設住宅としている。

（7）阪神・淡路大震災においては応急仮設住宅の占める割合が圧倒的に多く、東日本大震災では借り上げ型のほうが応急仮設住宅よりもやや多かった。

参考文献

（1）「平成30年7月豪雨による被害状況等について」内閣府ＨＰ〈http://www.bousai.go.jp/updates/h30typhoon7/pdf/301009_1700_h30typhoon7_01.pdf〉２０１８年12月20日閲覧

（2）「平成30年7月豪雨における被害等の概要」国土交通省ＨＰ〈http://www.mlit.go.jp/river/shinngikai_blog/shaseishin/kasenbunkakai/shouiinkai/daikibokouikigouu/1/pdf/daikibokouikigouu_01_s2.pdf〉２０１８年12月20日閲覧

第10章　南海トラフ地震、発生までX年
――南海トラフ巨大地震の被災想定地域におけるリスクと居住のデザイン

石原　凌河

1　南海トラフ地震の被害想定と地域住民の反応

今後30年以内に70～80％の確率で発生すると言われている「南海トラフ地震」。太平洋沖に位置する南海トラフでは、１００～１５０年周期で海溝型の地震が発生しており、その都度大きな被害をもたらした。過去には、南海トラフでは、東海地震、東南海地震、南海地震の主に三つの領域で地震が発生しているが、単独の領域で地震が発生することもあれば、複数の領域が連動して非常に大きな地震となり、広範囲にわたって被害を及ぼすこともあった。２０１２年に中央防災会議は「南海トラフ巨大地震」の被害想定を公表した。これによると、最大で死者32・3万人の被害が生じると推計されたことから、「国難」と呼ばれるほどの甚大な被害が生じるとされ、日本全体で多大な影響を及ぼすことが懸念される(1)。

ところで、「南海トラフ巨大地震」の被害想定を受けて、地震・津波対策の強固な推進につながるどころか、地域住民は全く異なる反応を示したようだ。たとえば、地域住民の中には南海トラフ地震対策への「絶望・諦め」の態度、想定通りの被害が出ないだろうと

する「油断・慢心」の態度、専門家への「依存・お任せ」の態度といった、三つのネガティブな態度が見られると指摘されている（孫・近藤・宮本・矢守、２０１４）。徳島県美波町では、東日本大震災のリアルな被災映像や度重なる衝撃的な被害想定の公表により、住民には地震・津波に対する諦めや、津波の来ないところに引っ越したいという意識が芽生えたと言われている。そのうえで、就職や進学、結婚等を機に転出するいわゆる「震災前過疎」という現象が起こり始め、震災前過疎が進めばコミュニティが成り立たなくなり、自治体基盤の崩壊にもつながりかねないと指摘されている（浜、２０１６）。田中（２０１６）は、過去の大災害における犠牲者は圧倒的に脆弱層に偏在していたと指摘したうえで、南海トラフ巨大地震の最大死者数の32・３万人においても、犠牲者は脆弱層に偏在するだろうと提起している。さらには、和歌山県串本町の居住者を対象とした調査結果から、広域を生活圏とする若年層が津波リスクの低い高台に移転し、モビリティの低い高齢層が津波リスクの高い沿岸部に残留するというシナリオが予見されていることを提示している（田中、２０１２）。

このように、南海トラフ地震の被害想定によって住み続けることを諦めてしまうのではなく、南海トラフ地震が来ようとも、誰もが安心してその場所で住み続けられるように、公正で持続可能なまちづくりを展開することが肝要である。そのような中、災害に見舞われる前に地域の「営み」を継続し、被災しても地域の持続可能性を担保するための手法として「事前復興まちづくり」が各地で展開されている（金・佐藤・牧・平田・稲地・岸川・田中、２０１７）。平時から復興を見据えたまちづくりを進めることで、災害からの被害軽減だけでなく迅速な復旧・復興につながることが期待されている。言うまでもなく、事前復興まちづくりを推進することで、若年層と高齢者層とでの居住の分断が生じるのではなく、誰しもが安全な住まいを享受できなければならない。被災想定地域において「住み続ける」ことを問い続けることは、未来の災害と対峙した地域づくりを考えるうえで重要ではないだろうか。

　南海トラフ地震の被災想定地域において「住み続けること」への災害リスクの影響を読み解き、どのように折り合いをつけるかを探ることで、持続可能で公正な減災対策の推進となる一つの手がかりになると考える。本章では、南海トラフ地震被災想定地域における、災害リスクと「住み続ける」こととの関連について、二つの調査から考察していきたい。

2　被災経験者は地域に住み続けたいか？

　第一の調査では、昭和南海地震・昭和チリ地震の被災経験者を対象に、南海トラフ巨大地震で想定される被害を受けた場合、地域に住み続けるかどうかヒアリング調査により明らかにする。

　対象地域である徳島県阿南市橘町（写真10-1）はこれまでに１９４６年の昭和南海地震や１９６０年のチリ地震（以下、昭和チリ地震）で被害（表10-1）が確認されている。東日本大震災では津波が確認されたものの、橘町内では目立った被害は出ていない。南海トラフ地震の被害想定では、予想される津波の最大高さは８・２メートルで、津波の最短到達時間は約19分と報告されており、昭和南海地震・チリ地震を超えた被害が出ることが懸念されている。津波だけでなく、地震の揺れも最大震度７と想定されている。

昭和南海地震（再掲）
１９４６年12月21日に発生。死者・行方不明者１３３０人。

昭和チリ地震
１９６０年に南米チリの近海で発生した巨大地震。日本の太平洋岸にも津波が到達し、東北地方や北海道などで多数の死者・行方不明者を出している。

写真 10-1　徳島県阿南市橘町の様子

表 10-1　阿南市橘町における昭和南海地震・昭和チリ地震の被害状況 (2)

	昭和南海地震	昭和チリ地震
死者(人)	1	—
負傷者(人)	10	—
流失・全壊(戸数)	39	—
床上浸水(戸数)	964	764

２０１８年３月20日から24日にかけて、25名の昭和南海地震もしくは昭和チリ地震の被災経験者を対象にヒアリング調査を行った。半構造化インタビューによって、南海トラフ地震が発生した場合に今後の居住意向に加えて、昭和南海地震・昭和チリ地震の被災経験（避難行動・避難場所、被災生活の様相）、各地震から得られた教訓、災害時における地域の課題について主に尋ねた。ヒアリング調査にあたっては、筆者だけでなく筆者が担当しているゼミ生５名と共同で調査を実施した。

　調査対象者25名のうち、男性が22名となった。また、昭和南海地震の経験者が24名、昭和チリ地震の経験者が20名であり、両地震の経験者は17名であった。

　ヒアリング調査を行った25名のうち、20名が南海トラフ地震によって地震・津波の被害を受けても住み続けたいと回答した。被災経験者の多くは南海トラフ地震で被害を受けたとしても住み続ける意思があることが確認できた。20名のうち、住み続けることを肯定的に捉えて回答したのが17名だった。その理由として、「橘のまちに住み続けたい。南に海があって背に山がある環境は住みやすい」「家が流されたとしても橘の町に戻ってくる。チリ地震をこれまで経験しても生まれ育った故郷だから」という回答が得られた。南海地震、過去の災害によって橘町で難を乗り越えてきたからこそ、故郷としての愛着が形成されたことや、長年住み続けてきたことによって地域の居住環境を肯定的に評価していることが示唆される。

一方で、4名からは、橘町で住み続けると回答したものの消極的な理由で回答した。その理由として、たとえば「橘の町に住みたいか微妙なところ。よそに家を買う力もないし、行くところもない、地元に帰るのはしょうがないと思う」「津波で家が流されてしまっても、行くところがないからまちに住み続けたい」といった回答が寄せられた。単身高齢での暮らしから他に身寄りがないことや、被災しても他の地域への行き場がない状況が伺える。

町外へ転居する意思を表明したのは4名であった。その理由として、「橘町には残りたいけれど、南海トラフ地震が来たら住み続けられる気力がない」や「やはり南海トラフ地震が来たら津波での被害から住み続けることは難しいだろう」という回答が得られた。なお、4名のうち2名は、橘町への愛着はあるものの、南海トラフ地震の被害の恐ろしさが上回るために、町外へ住むという選択をとる旨が語られた。

このように、昭和南海地震・昭和チリ地震の被災経験者の多くは、これまで被災経験を受け、次なる南海トラフ地震で被害が生じることが確実視されているにも関わらず、地域に住み続けたいという肯定的な意思が示された。一方で、地域で住み続けることに対して肯定的に捉えた意見だけでなく、他に身寄りがないことや、被災しても他の地域への行き場がないことから、地域で住み続けることしか選択肢が確保されていない状況が伺えた。事前復興まちづくりを展開するにあたっては、地域で住み続けることしか選択肢が確保されていない地域住民も考慮して、多様な暮らしのあり方を提示し、選択肢を増やすような取り組みが重要となるだろう。

また、災害リスクが地域での居住意思に少なからず影響を与えていることが示唆された。過去の災害を乗り越えてきたからこそ、次なる大災害に対しても克服できるだろうと肯定的に捉えた意見がある一方で、南海トラフ地震が起こると住み続けられないといった意見があがったように、転居を希望する意思に対して南海トラフ地震のリスクが大きく働いていることが示唆された。そのため、次節では、「地域で住み続ける」ことに対して災害リスクがどの程度影響を及ぼしているのか検討していきたい。

3　災害リスクが「地域に住み続ける」ことに及ぼす影響

第二の調査では、南海トラフ地震での津波被害が懸念される地域を対象としたアンケート調査の結果から、地域に住み続けるための条件として災害リスクが与える影響について明らかにしていく。

対象地区は、和歌山県御坊市薗・名屋、印南町印南、印南町島田の三地区とした。当初は津波避難困難地域に指定されており、現在では津波避難タワーや高台整備などにより解除されているものの、依然として津波被害が懸念される地域である。津波浸水想定地域では人口減少が顕著である一方で、津波の影響がなく市街地に隣接した地域を中心に人口増加

表10-2　地域に住み続けるための条件に対する価値要素

価値要素	内容
自然	自然が近くにある
災害	災害による被害が小さい
利便性	生活における利便性が高い
居心地	近所同士の関係がよく、居心地が良い
資金	移住に使うための資金がない、使いたくない
手続き	引っ越しや手続きなどの手間がかかるため、移住をするのが面倒である

が確認できたことから、津波被害によって自主的に移転している世帯がいることが推察される。対象地区の住民に対して２８００部をポスティングによって配布した。アンケートは郵送により８５６部回収され、回収率は30・５％となった。

本調査では、地域に住み続けるための条件として影響を与える価値要素の中から、災害に関する価値の重要度の度合いを一対比較により明らかにし、災害リスクが地域に住み続けることへの影響度合いを分析する。一対比較とは、数ある評価項目の選好度の順位づけを行う手法であり、各項目のペアに対して１対１比較を繰り返すことによって、微妙な差異を反映した選好度を定量的に評価することができる（木下・大屋、２００７）。本調査での価値基準を「自然」「災害」「利便性」「居心地」「資金」「手続き」の６つ（表10−2）と設定した。数ある調査結果のうち、ここでは居住継続と災害リスクとの関連を分析した調査結果に絞って考察していく。

定住または移住を希望するか尋ねたところ、表10−3に示している通り、定住を希望する人が５５０人（全体の67・０％）となり、移住を希望する人は１８９人（23・０％）となった。移住を希望する人のうち、希望する転居場所については、「同市町の高台に転居したい」が86人（44・６％）と最も多い結果となった。和歌山県内に津波の被害を受けない地域に家族や親せきが住んでいるか尋ねたところ、表10−3に示している通り、「いる」と回答したのが４９１人（58・０％）とやや多く、「いない」と回答したのは３５５人（42・０％）という結果となった。

地域に住み続けるための条件としての価値要素別の重要度を算出した結果は図10−2のようになった。「災害」が21・７％と最も重要視され、次いで「資金」「居心地」「利

表10-3　単純集計の結果

項目		回答数(%)
今後の居住計画	定住を希望する	550(67.0)
	移住を希望する	189(23.0)
	その他・不明	81(9.9)
希望する転居場所	同市町の高台に転居したい	86(44.6)
	他市町の高台に転居したい	25(13.0)
	その他・わからない	82(42.5)
和歌山県内での津波の被害を受けない地域での家族や親戚の有無	いる	491(58.0)
	いない	355(42.0)

便性」「手続き」「自然」の順となった。このことから、地域に住み続ける条件に対して「災害」が少なからず影響を与えていることが示唆された。

転居を希望する人びとを対象に、同市町の高台に転居したいグループと、他市町の高台に転居したいグループそれぞれに対して価値要素別の重要度を算出（図10−3）した結果、他市町の高台に転居したいグループは「災害」が30・0％と平均よりも相対的に高い結果となったが、同市町の高台に転居したいと回答したグループについては、「居心地」が26・3％と最も重要視し、「災害」については20・0％と平均よりも低い値となった。このことから、同市町の高台への転居を希望している人のほうが、地域に住み続けるための条件として「災害」が与える影響が相対的に低く、「居心地」が最も重視される結果となった。他市町よりも同市町内に安全な高台を確保することで、居住継続に対する「災害」の重要度が小さくなると考えられる。

和歌山県内で津波被害を受けない地域に住んでいる家族や親せきの有無で重要度の違いを分析した（図10−4）。重要度を推計したところ、両者とも「災害」の重要度が最も高くなったが、家族や親戚がいるグループは19・6％と平均よりも低い値を示したのに対し、いないグループでは23・5％と平均よりも高い値を示した。和歌山県内に津波の被害を受けない地域に家族や親せきがいないグループのほうが「災害」の重要度が相対的に低いことから、近距離で身寄りがいることが、居住継続のための条件として「災害」の重要度が相対的に小さいことが把握できた。災害発生時に助けてもらえる近距離での身寄りの存在が、安心して住み続けるためのインフラとして機能している表れではないだろうか。

図 10-2　価値要素別の重要度のグラフ

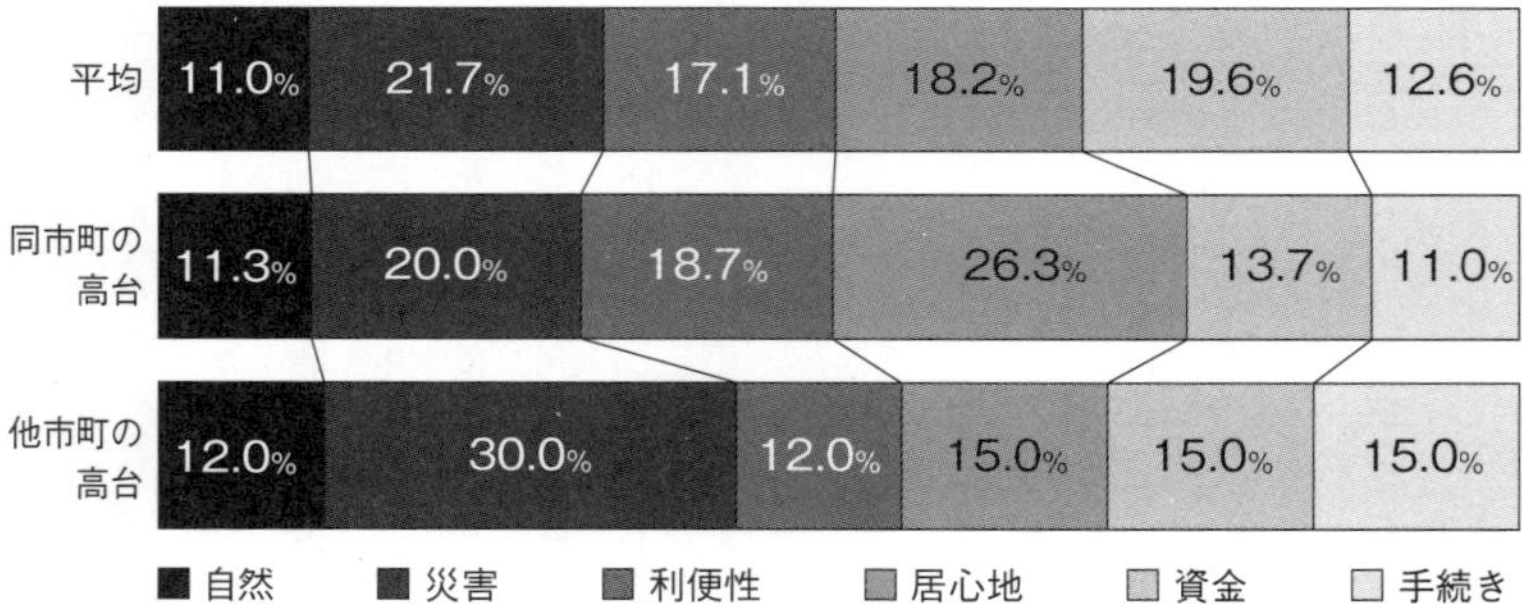

図 10-3　同市町または他市町への高台移転希望者別の重要度の差異

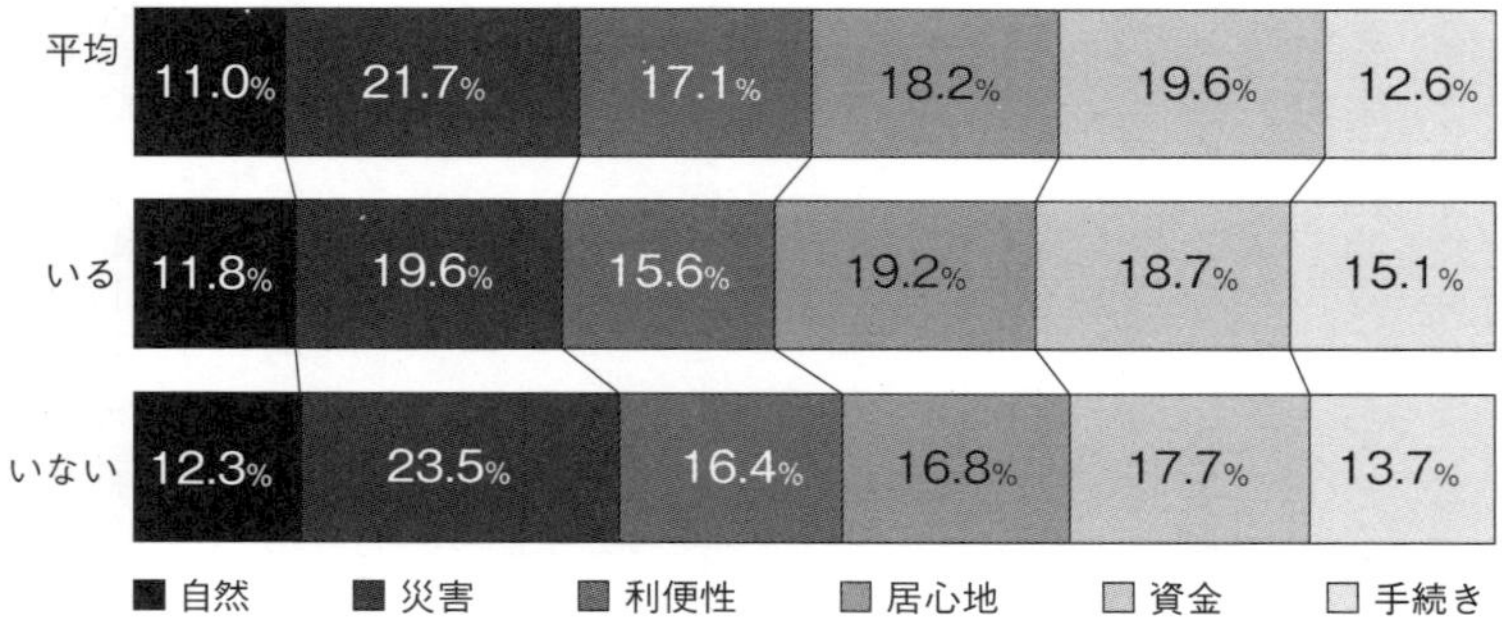

図 10-4　県内での家族や親せきの有無による重要度の差異

4 居住のリスク・デザインのための視座

本章で示した二つの調査結果から、南海トラフ地震の被災想定地域において、住み続けるための条件として災害リスクが少なからず影響を与えていることが示唆された。しかしながら、同市町の高台への転居を希望しているグループや、近距離で身寄りがいるグループのほうが、住み続けるための条件として災害リスクの重要度が低くなる傾向が示された。

一連の調査結果を踏まえて、災害リスクと「住み続けること」との関連についていくつか考察していきたい。

第一に、津波の被害が懸念される沿岸部には高齢者が残留しているものの、隣接した高台には息子・娘世帯の居住を誘導するといったように、南海トラフ地震の被害想定を媒介にして近居を促すことで、「住み続けること」に対して、災害リスクの影響を低減できる可能性を見出すことができるのではないだろうか。災害発生時には沿岸部の高齢者が息子・娘世帯の住居まで避難することが可能となり、一定期間は同居することもできるため、安全な暮らしの確保につながるだろう。こうした居住形態は、山中・近藤・渡辺（2015）がすでに「リスク分散型居住」として提示されており、南海トラフ地震の被災想定地域では自然発生的にこうした居住がなされていると言われている。

第二に、他に身寄りがないことや、被災しても他の地域への行き場がないという理由により「住み続けること」しか選択肢が確保されていな状況は打破する必要がある。多様な暮らしのあり方を提示し、居住の選択肢を増やすことが欠かせない。

第三に、災害リスクだけを読み解くのではなく、より多くの人びとが住み続けたいと思えるようなまちを目指すことが重要である。災害リスクを含めた複合的な要素を勘案した上で、結果として安全性が担保されたまちづくりを推進していく必要があるだろう。
　このように、「リスク」を分かち合い、いざという時の「ストック」を持ちあわせるような居住のあり方が、南海トラフ地震の被災想定地域において持続可能で公正なまちづくりに繋がるのではないだろうか。南海トラフ地震の発生まであとX年。このX年までにいかに甚大なリスクのもとで「住み続けること」をデザインし、いかにそれを推進するかが問われるだろう。

謝辞
　本研究は、ＪＳＰＳ科研費１７Ｋ０１２８０「災害伝承を活用した災害復興と持続可能性に関する研究」（研究代表者：安田政彦）および日本都市計画学会〈都市や地域に関する知の冒険〉プロジェクトの成果によるものである。第2節の調査結果は、石原（２０１８）、石原、他（２０１９）を大幅に加筆・修正したものである。第3節の調査結果は、楠本（２０１９）の調査結果によるものである。

注

（１）被災想定地域での建物の耐震化などの進展を考慮して、南海トラフ巨大地震の想定死者数を最大23・1万人とする試算結果を２０１９年6月に中央防災会議が公表した。

（２）鵠津波を語り継ぐ会（２００３）「地震津波体験の記録　恐怖の大津波」を参照して作成。

参考・引用文献

石原凌河（２０１８）「南海トラフ巨大地震の被害想定に対する居住継続意思に関する一考察」２０１８年度日本建築学会大会（東北）都市計画部門研究協議会資料集『復興まちづくりと空間デザイン技術』97-98頁

石原凌河　井上翔太　岡村周哉　國分ひかり　茂木佑馬（２０１９）「事前復興まちづくりに向けた被災経験の活用に関する研究――徳島県阿南市橘町での実践事例を通して」『龍谷政策学論集』第８巻、第１・２合併号、17―27頁

金玟淑　佐藤克志　牧紀男　平田隆行　稲地秀介　岸川英樹　田中秀宜（２０１７）「「地域の営み」の継続に着目した事前復興計画策定手法の構築」『地域安全学会論文集』第30巻、1-11頁

木下栄蔵　大屋隆（２００７）『戦略的意思決定手法ＡＨＰ』朝倉書店

楠本梨里子（２０１９）「南海トラフ巨大地震による被害が甚大な地域における居住意識に関する研究」龍谷大学政策学部卒業論文

孫英英　近藤誠司　宮本匠　矢守克也（２０１４）「新しい津波減災対策の提案――「個別訓練」と「避難動画カルテ」の開発を通して」『災害情報』第12巻、76-87頁

田中正人（２０１７）「災害リスク／居住地選択／リジリエンス」日本災害復興学会誌『復興』第８巻、第１号、36―45頁

田中正人（2012）「沿岸地域における居住者の災害リスク認知と高所移転意向に関する研究——和歌山県串本町の事例を通して」『地域安全学会論文集』第18号、495-502頁
浜大吾郎（2016）「震災前からの高台展開を目指して——美波町由岐湾内地区の事前復興まちづくり」日本災害復興学会誌『復興』第7巻、第4号、29-32頁
山中英生　近藤光男　渡辺公次郎（2015）「津波災害の恐れのある地域における近居実態と生活再建意識の分析」日本環境共生学会『第18回発表論文集』10-15頁

おわりに

何年か前に豊岡大水害（２００４年）の跡を案内していただいたことがある。その際に、被災して仮設住宅に住まざるを得なくなった人たちがそこで畑を拓いていろいろな野菜を育てたというお話を伺った。作物を育てるためにはそれなりの手間を継続的にかける必要がある。そのことは、人々に畑に通う（集まる）理由を与え、さらには他者に語りかける（話をする）きっかけを与えることになっただろう。こうして畑仕事は相互にその存在を確認しあい、ある種の共同性を構築する役割をその意図せざる結果として担うことになった。誰でもが手を動かしながら何事かを語り合うことのできるような共同作業の場が設定されたことによって、日常性を取り戻すためのひとつの重要な基盤がつくられていったのである。被災に伴う居住地移動と日常性の再構築の問題を考える上で、『復興と居住地移動』（K・G・りぶれっと 39）も併せてお読みいただければ幸いである。

なお、リスクデザイン研究センター（関西学院大学特定プロジェクト研究センター）は、２０１9年3月末をもって5年の設置予定期間を終え閉所しました。

長谷川 計二

著者一覧（執筆順）

田中 正人（復興から日常へ　第1章　第3章第2節）★
関西学院大学特定プロジェクト研究センター「リスクデザイン研究センター」客員研究員、NPO 法人リスクデザイン研究所理事長、追手門学院大学教授、都市調査計画事務所取締役所長

片寄 俊秀（第2章）
工学博士、技術士、元関西学院大学総合政策学部教授

小川 知弘（第3章第1節　第9章）★
関西学院大学特定プロジェクト研究センター「リスクデザイン研究センター」客員研究員、NPO 法人リスクデザイン研究所副理事長、関西学院大学非常勤講師

荒木裕子（第3章第3節　第8章）
名古屋大学減災連携研究センター特任准教授、NPO 法人リスクデザイン研究所理事

李　　美沙（第4章）
小高復興デザインセンター、復建調査設計（株）

益邑 明伸（第5章）
東京大学大学院工学系研究科都市工学専攻博士課程

室崎 千重（第6章）
奈良女子大学研究院生活環境科学系准教授、NPO 法人リスクデザイン研究所副理事長

川崎 梨江（第7章）
広島大学大学院総合科学研究科博士後期課程

石原 凌河（第10章）
龍谷大学政策学部准教授、NPO 法人リスクデザイン研究所理事

長谷川 計二（おわりに）★
関西学院大学特定プロジェクト研究センター「リスクデザイン研究センター」センター長、関西学院大学総合政策学部教授

★は編集担当

K.G. りぶれっと No. 49
復興から日常へ

2019 年 11 月 30 日 初版第一刷発行

編　者　リスクデザイン研究センター
（関西学院大学特定プロジェクト研究センター）

NPO 法人 リスクデザイン研究所

発行者　田村和彦
発行所　関西学院大学出版会
所在地　〒 662-0891
兵庫県西宮市上ケ原一番町 1-155
電　話　0798-53-7002

印　刷　協和印刷株式会社

ISBN 978-4-86283-293-1

関西学院大学出版会「K・G・りぶれっと」発刊のことば

大学はいうまでもなく、時代の申し子である。

その意味で、大学が生き生きとした活力をいつももっていてほしいというのは、大学を構成するもの達だけではなく、広く一般社会の願いである。

研究、対話の成果である大学内の知的活動を広く社会に評価の場を求める行為が、社会へのさまざまなメッセージとなり、大学の活力のおおきな源泉になりうると信じている。

遅まきながら関西学院大学出版会を立ち上げたのもその一助になりたいためである。

ここに、広く学院内外に執筆者を求め、講義、ゼミ、実習その他授業全般に関する補助教材、あるいは現代社会の諸問題を新たな切り口から解剖した論評などを、できるだけ平易に、かつさまざまな形式によって提供する場を設けることにした。

一冊、四万字を目安として発信されたものが、読み手を通して〈教え―学ぶ〉活動を活性化させ、社会の問題提起となり、時に読み手から発信者への反応を受けて、書き手が応答するなど、「知」の活性化の場となることを期待している。

多くの方々が相互行為としての「大学」をめざして、この場に参加されることを願っている。

二〇〇〇年　四月